如何是好

任彦申 著

江苏人民出版社

图书在版编目(CIP)数据

如何是好/任彦申著.--南京:江苏人民出版社,
2013.8(2025.11重印)
ISBN 978-7-214-10365-9

Ⅰ.①如… Ⅱ.①任… Ⅲ.①社会科学—文集 Ⅳ.
①C53

中国版本图书馆CIP数据核字(2013)第185314号

书　　名	如何是好
著　　者	任彦申
责任编辑	府建明　王翔宇
责任校对	李洪云
责任监制	王　娟
出版发行	江苏人民出版社
地　　址	南京市湖南路1号A楼,邮编:210009
照　　排	江苏凤凰制版有限公司
印　　刷	江苏凤凰通达印刷有限公司
开　　本	652毫米×960毫米　1/16
印　　张	11　插页　2
字　　数	90千字
版　　次	2013年9月第1版
印　　次	2025年11月第18次印刷
标准书号	ISBN 978-7-214-10365-9
定　　价	28.00元

(江苏人民出版社图书凡印装错误可向承印厂调换)

目 录

自　序……………………………………………… 1
一、什么是成功的领导者………………………… 1
二、做官为什么…………………………………… 9
三、领导工作基本功……………………………… 16
四、重在提升影响力……………………………… 22
五、领导的最高法则……………………………… 28
六、一把手是关键………………………………… 34
七、既会干事又要懂事…………………………… 40
八、求同存异的智慧……………………………… 44
九、领导者的致命弱点…………………………… 49
十、独断专行必然失败…………………………… 53
十一、在骂声中成长……………………………… 58
十二、有效地忙碌………………………………… 62
十三、何时容易犯错误…………………………… 66
十四、懂得见好就收……………………………… 72
十五、品读三道奏折……………………………… 76

十六、力戒语言腐败 ·················· 85

十七、重建批评与自我批评空间 ·········· 90

十八、如何善待人才 ·················· 96

十九、文人何必相轻 ·················· 105

二十、知识分子的弱点 ················ 109

二十一、聪明莫被聪明误 ·············· 115

二十二、有话好好说 ·················· 119

二十三、做人的原则 ·················· 123

二十四、保持善良天性 ················ 132

二十五、认识自己最难 ················ 137

二十六、学会学习 ···················· 141

二十七、交友之道 ···················· 146

二十八、常怀敬畏之心 ················ 151

二十九、幸福的哲学 ·················· 154

三十、人生如戏 ······················ 161

自　序

退休是人生的又一个新起点，也是人生中难得的一段悠闲自在、自由自主的时光。服老是一种清醒，是一种豁达。退休就像一个谢幕下台的演员，务必把自己的角色和位置摆对，把心态调适好，不要不合时宜地到处抛头露面，不要硬去干那些力不从心的事情，更不要随意插手那些本不该自己管的问题。老年人较之年轻人的劣势是精力不济、锐气不足，而特有的优势是经验、智慧和成熟。退休以后，心态平静了，时间充裕了，身份超脱了，无欲无求了，如果沉下心来认真回忆一些鲜为人知的事，总结正反的历史经验，写下饱经沧桑之后的人生感悟，可能是发挥余热的一种很好方式。

我从领导岗位退下来以来，写了两本小书。第一本书叫《从清华园到未名湖》，主要讲述了我在清华、北大25年工作中的真切感受，对于大学精神、办学思想、大学管理、人才理念以及如何处理思潮、学潮等问题，发表了自己的见解，目的是想在大学与政府，大学与社会之间搭建起一座沟通互动的桥梁。第二本书叫《后知后觉》，主要是对我在中共江苏省委工作期间分管过的领域，如宣传工作、组织工作、人才工作、文化教育工作等，做一份总结和交代。这与其说是一种经验总结，不如说是一种理念探索；与其说是一种个人感悟，不如说是一种众智集合。我非常担心这种书出来以后堆在墙角没人理，或是很快被扔进废纸篓中。没想到，这两本小书得到了众多读者的认可，居然成了畅销书，还被外国的出版社翻译过去。近几年来，以书为媒，我结识了许多新朋友；以书会友，成了我生活中的一大乐趣。正是众多读者的鼓励，促使我写下这第三本书——《如何是好》。

为什么书名叫"如何是好"？首先是我想对自己过去的思想和作为做一番认真的清理，进行自我审视、自我反省，力求把过去不正确的东西纠正过来。其次是我作为一个过来人和超脱者，对当今的社会现象进行一番观察和思考，发表自己的意见和建议。这不是为了发牢骚、挑毛病，而是出于一种领导干部和知识分子的责任和良知，希望借鉴历史的经验，把今天的事情做得更好。再次，基于对"中国梦"的热切期盼，以面向未来的精神，直抒己见，建言献策，以期克服制约"中国梦"实现的种种不良风气和弊端，使中国共产党能够更好地担负起执政兴国的历史使命，使我们的祖国能够顺利地走向和谐社会，走向全面小康，走向现代化，走向中华民族的伟大复兴。总之，这本书是为了使我们的国家更好，使我们的人民更好，使我们的明天更美好。

我38年的工作经历，有三分之二的时间在大学工作，另外三分之一的时间在党政领导机关工作，我所熟识的人基本上都是领导干部和知识分子。这本书主要是想同领导干部和知识分子进行坦诚对话，交流思想，共同探索人生。希望此书能助你成功、助你成才、助你幸福！

我一生中最感到幸运和欣慰的事，就是结识了一大批优秀人才和知识精英，从他们身上获取了无穷的知识和智慧，获取了不断求知的渴望和上进的动力，水涨船高，这自然而然地提升了自己的境界。在过去经历过的无数人和事中，绝大部分随着岁月的流逝淡忘了，而有些人和事却是终身难忘的，时间越久，感受越深。有些人不仅才能卓越、业绩突出，而且人格高尚、作风亲和，深受人们的喜爱。每当想起他们，就会由衷地产生一种敬佩之情、亲切之情、感恩之情。这些人的精神风范应当记录下来，作为启迪后人的宝贵财富。也有些人让人一想起来就心里不痛快，其中有的是个人素质不好，有的则是一个时期不良环境、不良体制、不良风气凝结而成的产物。这种人也应当记录下来，以警示后人。一个人成功不成功，不在于身前有多少美丽的光环，而在于身后有多少人喜欢他、怀念他、感恩他。

书中谈及的这30个问题，是人生中经常遇到的一些基本问题，也是现实生活中容易产生困惑和迷失的问题，包括如何做官、如何做人、如何做事、如何生活、如何修身、如何处世、如何学习、如何交友、如何实现事业的成功和人生的幸福，等等。

人生奋斗的根本目的，就是取得成功，获得幸福。然而，对于成功的标准和幸福的含义，不少人从未认真思考过，或者从未想清楚。许多人把财富、地位和名气看做成功的标准和幸福的源泉，可是有谁知道，财富有多少才是多？地位有多高才是高？名气有多大才是大？在我看来，人生成功的根本标准：一是创建功业，二是培养人才。只有事业发达，人才兴旺，才叫功德圆满。至于幸福，与其说是外界的给予，不如说是内心的感受；与其说是生活的状态，不如说是生活的态度。哈佛大学著名心理学家泰勒说：幸福的定义应该是快乐与意义的结合，真正的快乐就是在自认为有意义的生活中享受点点滴滴。用老百姓的话说，幸福的真谛就是活得简单一点，活得糊涂一点，活得潇洒一点。当你总感到自己不快乐不幸福时，不妨换一个思路、换一种活法。

我这本书中的看法，有些是自身经验教训的总结，有些是日积月累的人生感悟，有些是对当今社会现象的观察思考，有些是读书学习的心得体会。这些思想观点，不是无病呻吟、无中生有、无的放矢地乱发议论，而是从所见所闻的众多现象和亲力亲为的众多实践中感知而来的。人生许多事，只有停下来才能看清楚，只有事后才能想明白。我不敢说书中的这些思想观点都是正确的，但可以说都是真情实感、实话实说。一个人如果到了古稀之年，还要说假话编故事去糊弄人，那真是无可救药了。一本书，如果能有一两个观点对人有启发，有一两句话被人记住，那我就心满意足了。

一、什么是成功的领导者

对于什么是成功，没有一个统一的标准，人们追求不同、价值观不同，对成功会有不同的理解。如果仅从功利的角度来衡量成功，那是很难说清楚的，有谁知道挣多少钱、当多大官、出多大名才算成功呢！

美国成功学家卡尔博士认为：成功意味着许多美好积极的事物，其中包括个人的兴隆发达，获得优越的条件；在职场和社交圈中赢得别人的尊宠和赞美；获得更多的自由，免于种种烦恼、恐惧、挫折和失败；实现自重自尊，不仅自己得到生命中最大的快乐与满足，而且为周围那些赖你为生的人做了很多的好事，如此等等。

卡尔博士理解的成功有着多重含义和多元标准，其中包括功利目的和价值目标、自我感觉和别人评价、内在成功和外在成功、个人成功与大家成功等等。在我看来，衡量人生是否成功，不在于功名利禄的获得，而在于价值目标的实现。

首先,你怎么看自己?你对自己的人生是否感到自信和满意?是否认为发挥了自己的才华,干成了有意义的事情?是否实现了人生的目标,没有虚度年华,枉此一生?

其次,别人怎么看你?自我感觉再好,自我评价再高,如果别人不承认等于白搭。商品的价值是通过交换实现的,人的价值是通过与人交往而实现的。不管是商品还是人,对别人有用才有价值。如果你个人价值的光芒能够照亮社会,大家能从你的成功中分享到一份好处,这才是真正的成功。这样,你获得的地位和尊宠、鲜花和掌声,不是沽名钓誉的结果,而是社会对个人贡献给予的应有报偿。

相对于其他职业,领导者的成功更加困难,更加难以评价。

从古到今,一个国家,一个地方,领导人换了一茬又一茬,真正名垂青史、为后人感念的能有几人呢?普通人自不必说,中国历史上,称王称帝的有800多人,今天人们能记住名字的有几个呢?从隋朝到清朝,考取状元的有500多人,又有几人留下传世之作呢?

《左传》上讲,人都会死亡,但有的人死而不朽,其精神和功业永存。"太上有立德,其次有立功,其次有立言。"后人把立德、立功、立言称之为"三不朽",作为衡量士大夫成功的根本标准。

　　唐朝学者孔颖达对"三不朽"做了很好的阐释：立德,谓创制垂法,博施济众;立功,谓拯厄除难,功济于世;立言,谓言得其要,理足可传。千百年来,众多达官贵人都把"三不朽"作为人生追求的目标,王阳明、曾国藩被人誉为"三不朽"的典范,有道是"立德立功立言三不朽,为师为将为相一完人"。

　　<u>领导就是干事,只有想干事,会干事,又能干成事,那才是真本事。</u>能干大事的人应当立志去干成大事,干不成大事的人应当尽力为群众多做好事,多办实事。不管你有多么优越的背景、多么耀眼的光环、多么美好的宣言,最终要看能不能落到实处,转变为实绩,让广大群众得到实实在在的好处。

　　现在有的人只想做官,不想做事,或不会做事。他们把能否升官作为衡量自己成功的唯一标准,凡是有利于自己保官升官的事就起劲去干,大肆张扬;凡是不利于自己保官升官的事,即使再重要再紧迫,也设法逃避。他们的聪明才智不是用在发展事业上,而是用在经营自己的关系网和加固自己的"护身符"上。他们不是脚踏实地服务民众,而是热衷于搞"面

子工程"。他们不关切老百姓的真实感受，而只想讨得领导高兴、上级赏识。这种人即使官运亨通，能算是成功的领导者吗？

最糟糕的官员莫过于庸官。他们饱食终日，无所用心；不求有功，但求无过；只想捞做官的好处，不想尽做官的义务。在某种意义上说，庸官比贪官还可怕。因为贪官一旦败露，就会下台。而庸官因为不干事，所以不犯错误；因为不犯错误，所以能在官场长期混下去。一个庸官长期主政的地方，真不知道耽误了多少事业，埋没了多少人才，错失了多少良机！

蒋介石在日记中反思国民党在大陆失败的教训时，痛斥国民党官员的五大流弊：一是做官不做事；二是有私得而无公利，有小我而无大我；三是重权位而不重责任，享权利而不尽义务；四是有上层而无基础，有党员而无民众，骄奢淫逸，自高自大，而不知民生疾苦，与民众相隔离；五是有组织而无训练，有党章而无纪律，有议案而无行动。

的确，国民党有这些流弊，不败则天理难容！

"己欲立而立人，己欲达而达人。"孔夫子这句话是多么英明啊！对于领导者来说，你的成功绝非个人的事，而是同周围的人息息相关。没有周围人尽心尽力地支持、帮助和捧场，你不可能取得成功。因此，你的成功果实也应当让大家分享，用自己的成功带动一批人的成功。大家好才是真好，大家成功才是真正的成功。人在职业生涯中，最大的幸运就是遇上一个赏识你的领导，为你搭建了一个建功立业的平台；而最大的不幸，就是一辈子也没有遇上一个赏识你的领导，把你的报国之志和大好年华埋没在碌碌无为之中。

有的领导者有极强的个人成就感，然而他只想着自己成功，却从未考虑过别人也需要成功。他把一切成绩记在自己头上，把一切问题推给别人，把自己的成功建立在别人不成功的基础上。这种以别人不成功为代价取得的成功，能算是真正的成功吗？

每个领导者都应考虑这样一个问题，当你离开一个地方时应当留下些什么？留下一堆讲话和口号不如留下几项好政策，留下几项好政策不如留下一个好体制，关键是留下一批优秀人才。俗话说："留得青山在，不怕没柴烧。"只有选拔出大批优秀人才，才是事业持续发展、社会长治久安、江山永不变色的可靠保证。

总之，衡量领导者是否成功，最过硬的标准就是两条：第一是看在他任内干成了多少事业；第二是看在他手下培养了多少人才。只有事业发达，人才兴旺，才是功德圆满。只有"功成"，"名就"才名副其实。如果一没有立功，二没有树人，有何功可讲？有何德可言？即使立言，又有什么说服力？

邓小平去世时，有人曾写下一副挽联，叫"一人千古，千古一人"。在中华民族的复兴史上，邓小平无愧是"三立"的典范、不朽的伟人。

我认为，邓小平最伟大的贡献，就在于使中国发生了四个历史性的改变。

第一个改变，就是改变了中国这艘巨轮前进的方向，这就是拨乱反正，实行伟大的历史转折。"文化大革命"之后的中国，就像是一艘伤痕累累的巨轮在风浪中徘徊，面临着何去何从的抉择。邓小平成功地驾驭这艘巨轮调转方向，闯风险，绕暗礁，驶向社会主义现代化的宏大目标。尤其值得庆幸的是，在这场历史大转折中，中国没有迷向，没有翻船，而一些与中国类似的国家却在这种历史大转折中，有的迷了向，有的翻了船，有的自行解体了。

第二个改变，就是改变了中国社会主义的内涵和形象。原来我们对社会主义的理解和定义是片面的、扭曲的，在实践中是不成功的。邓小平以其超凡的智慧，提出了"中国特色社会主义"的概念，对社会主义的本质、内涵赋予了新的解释，实事求是地确定了中国特色社会主义的一整套理论、路线、道路、体制和大政方针，使社会主义摆脱了僵化，重现了生机；摆脱了贫穷，走向了富裕；摆脱了频繁的政治运动，走向了安定团结。原来那种僵化的、贫穷的、整天斗来斗去的社会主义，是不得人心、不可能长期坚持下去的。

第三个改变，就是用"三个有利于"的标准改变了过去实行多年的"以阶级斗争的观点观察一切，分析一切"的是非标准，也改变了流行千年的"君子喻于义，小人喻于利"的传统价值观。从此，中国人摆脱了姓"资"姓"社"的抽象争论和封建义利观的束缚，观察问题、衡量事物的价值标准都因"三个有利于"的确定而随之改变。一个领导人想改变方向政策很容易，只要有足够的权力和地位就可以做到，但要改变体制制度就不那么容易了，而最难的是改变人的思维方式和价值尺度。邓小平就是一个既能改变方向，也能改变体制，又能改变人们价值观念的伟人。

第四个改变，就是改变了中华民族的历史命运，使百年来的强国梦变成现实，中华民族走向了伟大的复兴，我们每一个人的命运都因邓小平而改变。试问，如果在30多年前,农民有种地的自主权吗?有进城务工和居住的自由吗?人才能自由流动吗?人们能自主求职吗?大批青年能上大学、出国留学吗?普通百姓能出国旅行吗?……尽管现实仍有许多不如意的地方,但要放弃改革开放,重新回到过去,是没有几个人会同意的!

二、做官为什么

　　李嘉诚先生在对商界精英的一次演讲中说：我们活着为什么？承担社会责任是不是我们的义务？我认为人最大的悲哀是无聊，患上漠不关心的冷淡症，套上自命不凡的枷锁。在专业、行业和权力的高位，掌控庞大社会资源和机会，却失去自重自爱。那些沉醉在过往、滞留在今日，那些对社会问题视而不见、无动于衷的借口大王，一定会被社会唾弃和淘汰。有能力的人，要为人类谋幸福，这是任务。

　　不论政界、商界或学界的领袖人物，如果只是出于自私自利的目的，没有以天下为己任的情怀，没有为人类谋幸福的责任感和义务感，那是不可能成就大事业的。

　　"为有牺牲多壮志，敢叫日月换新天。"任何想成就伟业的领导者，都要准备为理想、为真理、为民族、为他人做出巨大的自我牺牲。一位哲人说过："出色领导的精髓就是牺牲。"领导就意味着牺牲、放弃和舍得。当你打算成为领导者的时候，就要放弃为自己打算的权利。你得到了令人羡慕的常人所没有的许多东西，那就必须放弃常人拥有的许多东西。一个领导者，如果斤斤计较，不想吃亏，总想得到比别人更多的好处，那是不可能取得成功的。从未见过一个势利小人能成为出色的公众领袖的。

做官不仅是一种个人机遇，更是一种社会担当。一个人当官从政的根本目的应当是改造社会、服务大众，利用自身的地位和权力，借助广大的社会资源，去实现美好的社会理想，成就仅凭个人力量无法成就的宏图伟业；在造福社会的过程中，发挥自己的聪明才智，实现崇高的人生价值。如果只是想利用公共平台去实现个人野心，或者靠挥霍大众的血汗去满足个人的荣华富贵，那注定会失败。

官员，也被称之为公务员、公职人员、人民的公仆。官员上班叫办公，叫执行公务；官员工作的场所叫办公室。因此，官员的本质应当姓"公"而不姓"私"，在官员头脑中必须牢固树立一个"公"字。当然，官员也是人，也有情感、有血肉、有私情、有私心，但在履行公职、执行公务的过程中，必须区分公与私的界限，公事公办，奉公守法，这是为官从政的光明正道。如果公私颠倒、以权谋私、徇私枉法，那就违反了为官从政的职业道德，必然走上歪门邪道。如果你做学问，可以有一个明确的奋斗目标，比如什么时候攻下博士学位，什么时候评上教授职称，这都是无可非议的，也是经过个人努力可以实现的。

如果你经商，也可以有一个具体的发展计划，比如把企业做大做强、创出名牌、发行股票等等，这也是无可指责的。

唯独从政做官，不能太有理想，很难给自己订一个具体的做官目标。因为做官最难把握个人命运，是一个前途最不确定的职业，你能不能做官，做多大的官，在哪儿做官，这一切都是个人难以预料的。在官场上，你常常会看到，有的人莫名其妙地升官，有的人莫名其妙地倒霉；有的人在一段时间内好运接踵而至，在另一段时间内却厄运连连降临。这些，用常理往往是说不清楚的，你不得不承认，做官除了靠本事，靠努力之外，还有一个运气问题。

做官有时就像乘公共汽车一样：有的人上车就有座；有的人站了一路始终没有座；有的人刚刚有了座，可惜到终点站了。

德国著名哲学家叔本华在《人生的智慧》一书中说：

"在这世上存在三种力：明智、力量和运气。我相信运气至为重要。我们的一生可比之于一条船的航程。运气——顺运或者逆运——扮演着风的角色，它可以迅速推进我们的航程，也可以把我们推回老远的距离。对此，我们的努力和奋斗都是徒劳无益的。"

然而，人总不能把希望寄托在运气上。从政做官，必须树立一种健康的心态，这就是知足常乐，随遇而安，立足本职，珍惜眼前。与其为难以把握的官运苦恼，不如脚踏实地做好分内的工作，在实践中不断增长才干，积累经验。只有把工作基础和群众基础打牢了，具备了过硬的本领，才能为今后的晋升发展奠定可靠的基础。当机遇到来时，不会因为自己准备不足而错失机会。英国政治家本杰明·狄斯累利说得好：人生成功的秘诀是，当好机会来临时，立刻抓住它。

干部队伍是一个宝塔结构，越往上位置越少，多数人爬到某一个台阶就停步不前了，能够不断跃上新台阶的人是极少数的幸运儿。不要总觉得自己怀才不遇，大材小用，总是心理不平衡，心理不平衡往往是某些人犯错误的开始。人的贪欲是很难满足的，做生意的人总想赚的钱越多越好，做官的人总想做的官越大越好。然而，"因嫌纱帽小，致使锁枷扛"，这就是古今中外众多野心家的写照。

一个人不是官做得越大越好，也不是升迁得越快越好。至于做多大的官合适，取决于两条原则：第一，你的官职应当与你的业绩相对称；第二，你的官职应当与你的才能相适应。

做官也同做其他工作一样，不能指望少劳多得或不劳而获，不能幻想好运和奇迹总会降临到自己头上，更不能寄希望于找捷径、走后门，靠投机取巧而得到意外的好处。或许你能够通过投机取巧而得到某种职位，但要证明自己具有胜任岗位的能力并获得人们的信服就不那么容易了。被人瞧不起的官员没有任何尊严可言。

《管子·立政》中谈到，治理国家有三个根本问题："一曰德不当其位，二曰功不当其禄，三曰能不当其官。此三本者，治乱之源也。故国有德义未明于朝者，则不可加以尊位；功力未见于国者，则不可授予重禄；临事不信于民者，则不可使任大官。"

如果一个政权在选官授职上轻率从事，不守规矩，不讲公道，随意封官许愿，拉帮结派，必然导致吏治腐败。

在许多国家，官员都是一个受人尊崇的职业。如果老百姓对官员不尊重、不信任、不买账,那这个政权就岌岌可危了。中国官本位的思想年深日久,人们对官员更是敬畏三分。在民众心中,官员应当由社会的贤能之辈、精英分子来担任,人们把国家的前途、百姓的命运交给他,就是相信他具有与职务相称的能力和素质,相信他能够秉公办事,为民服务,切实履行公职人员的职责。一个人职位越高,责任越大,民众对其德才素质的期望值越高。如果一个人身居要职,又缺乏应有的才干,不仅自己活受罪,而且会误国误民。回想"文化大革命"中,把一批普通工人、农民提拔到国家领导人的位置上,他们一无知识和智慧,二无治国经验,闹出不少笑话,只不过成了一种政治摆设。在当时复杂的政治斗争中,他们分不清是非利害,只能被人当枪使。粉碎"四人帮"后,这些人被免除了国家领导职务,邓小平感慨地说:"陈永贵本来可以成为出色的农村基层领导人,可硬要把他放在副总理的位置上,这不是让他活受罪吗!"天津市一位曾经担任过副总理的人下台后说:"自己糊里糊涂上去了,糊里糊涂下来了,自己也不明白是怎么一回事。"

《易经》说得好:"德薄而位尊,智小而谋大,力小而任重,鲜不及矣。"意思是说,如果德行不高的人占据高位，缺乏智慧的人整天谋划大事，能力不足的人又担当重任，没有不把事情搞乱的。因此，选任领导干部的一条重要原则，就是让他的才干与职位相符，大材小用固然不好，而小才大用危害更大。

三、领导工作基本功

不是什么人都能当领导的。领导是一门学问,是一种艺术,只有贤能之辈才有资格去担任领导。

当领导是一个令人羡慕的职业,想当领导的人很多,但要真正胜任领导工作并不是一件容易的事。就像上中学、上大学必须具备入学资格一样,当领导也必须具备领导资格,具有应知应会的基本功。

一个合格的领导者,应当具备以下几方面的基本功:

第一,理清思路。

思路是人们思考问题时思维活动的脉络和思维进展的道路。一个人思路一旦确定,不管外界多么错综复杂,不管情况如何千变万化,他都能按照既定的思路理出头绪,形成自己的认识。否则,如果没有清晰的思路,工作会搞成一团乱麻,就像写文章时如果思路不清就会杂乱无章一样。

一个领导者,应当善于把零零散散的想法、方方面面的意见加以整合归纳，在吃透上情、摸清下情的基础上，梳理出一个清晰明了的工作思路。思路反映了一个领导者的理论思维水平和综合判断能力。过去讲纲举目张，思路就是纲，就是工作指南。作为领导者，就怕脑子里想法很多，乱七八糟，变来变去，今天这么说，明天那么讲，没个准主意。

思想决定行动，思路决定出路。思路正确，事半功倍；思路错误，事倍功半，甚至事与愿违。在解放思想、拨乱反正的过程中，邓小平一再提醒各级领导干部要转变思路，开阔思路，首先要把思路搞对头。一个地方，一项工作如果长期搞不好，很可能是思路不对头。换人不换思路，换了也没有用，应当先换思路后换人。

过去，我国的农村工作一直围绕"一大二公"的思路做文章，不断瞎折腾，搞合作社，搞大跃进，搞人民公社化，开展"农业学大寨"等等，但搞了几十年，农村依然贫穷落后，始终解决不了吃饭问题。党的十一届三中全会后，换了思路，实行家庭联产承包责任制，创办乡镇企业，搞农工商一条龙，进而推动农业现代化、城乡一体化等，不但迅速解决了吃饭问题，而且使大部分农民过上了小康生活。

工作思路确定之后，应当长期稳定，可以与时俱进地加以修补完善，但不能大起大落，随意变动。

第二，制定规划。

一个优秀的领导者必须有理想，有追求，会讲故事，会画图画，能够描绘出一个令人向往的远景。然后，再把这种理想、远景编制成一个总体规划和行动方案。从古到今，开创任何一项伟大的事业，都有一个从梦想到理想、从空想到科学、从务虚到务实、从故事到蓝图的过程。

规划就是一个长远的整体的行动方案。人们常说领导者要胸中有全局，手中有典型，规划就是全局，就是脑子里形成一盘棋。规划固然要有前瞻性和鼓舞性，但必须建立在科学性和可行性的基础上，千万不能随心所欲、头脑发热、乱提指标，同时要意识到计划赶不上变化。

过去我们在经济建设中屡次犯的大错误就是急功近利，急躁冒进。凡急功近利，必定违反规律，必然瞎折腾。1958年，领导人提出15年内超过英国，25年内赶上美国，还想超越苏联跑步进入共产主义，结果惹出大乱子，引发了大饥荒。今天，许多地方在争相奔小康、提前实现现代化的过程中，应当牢记历史的教训。

第三，选准项目。

项目是规划的具体化，是工作的切入点和突破口。一个领导干部的执行力和操作力首先要看抓项目的能力。抓项目就是抓落实，只有具体项目才能把各种生产要素有机组合起来，形成现实的生产力。不抓项目，规划再好，也是空中楼阁，纸上谈兵。

一项伟大的工程总是由若干具体项目组成的。在实施项目的过程中，应当先易后难，确保初战成功。在一个个小的胜利中积累经验，锻炼队伍，增强信心。如果一开始就去碰"硬钉子"，一旦失手，就会影响士气，动摇全局。在所有的项目中，必有一两个项目是重中之重，它的成败决定着整个工程的成败。对这种关键项目，必须精心设计，精心施工，务必成功。

第四，用好人才。

事业成败，关键在人。知人善任的能力是领导者的核心领导力，是最大的领导才能。领导工作关键是"人"、"事"两个字，善用人，会做事，选合适的人，做正确的事。只抓事不管人是最大的失职，最终事也办不好。只要把人选好了、理顺了、摆平了，所有事情就都好办了。用人的原则就是用其所长，避其所短,大才大用,小才小用,专才专用,特别要注意起用那种领军人才、创新人才和出类拔萃的人才。一个杰出人才,往往是千军万马难以取代的。一个优秀的领导者,应当识才有智、用才有方、容才有量、护才有勇。

第五,创造条件。

在人才选定之后,必须为他们履行职责提供必要的条件,创造宽松的环境。干部履职的前提条件就是职、责、权相匹配,让他们有职有责有权地开展工作。适当地分权放权、实行分工负责和分层次管理,是加强管理的最有效办法。如果只分工不授权,是对部下的不信任,无法调动下面的积极性。一个领导者,如果把所有权力都把持在自己手中,随心所欲地到处插手,越级指挥,势必造成权力缺位、管理混乱、效率低下,也会影响领导班子的团结。

第六,监控过程。

在工作的进展中,领导者必须对过程实行有效的监控,把握好进度、质量和分阶段达到的目标,随时解决工作中发生的问题;对风险环节必须高度警惕,密切关注。在领导工作中经常看到这种情况:大风大浪都闯过来了,却在小河沟里翻了船。因此,对工作中的漏洞、隐患和风险,必须高度重视,"杀鸡不惜用牛刀",防止一招失误,全盘皆输。

第七,搞好总结,奖罚分明。

认真搞好总结,这是一项工作善始善终的必要环节,也是在实践中增长才干的重要方法。宋代诗人陆游曾说过:"纸上得来终觉浅,绝知此事要躬行。"无论怎样的学习都不如从自身经验中学习来得更直接、更深刻。

搞好总结的目的,就是把感性认识上升到理性认识,逐步找到事物的规律性,从根本上提高管理水平和工作效率。总结工作包括两个基本方面:一方面要从成功的实践中总结出切实有用的经验,并把这种经验推广到更广泛的人群中。另一方面,要切实找出工作中的问题和差距,以利改进工作,今后少走弯路。那种只讲成绩不讲问题,一味评功摆好的总结会、表彰会并没有什么实际价值。

总结工作时既要论功行赏,又要论误问责,赏罚分明,兑现承诺,不能干好干坏一个样。表彰先进既要讲物质,更要重精神;既要看眼前效果,更要看长远作用,通过先进典型来体现一种导向,弘扬一种精神。

四、重在提升影响力

领导者是率领队伍向既定目标前进的人，是团结群众、依靠大家干事的人，是营造和谐人际关系、创造愉快合作氛围的人。实施领导的过程，其实就是领导者和被领导者互动的过程。衡量领导力的强弱，就看领导者能得到多少人的拥护，有多少人愿意跟他走，他说的话有多少人信服，他发出的指令能产生多大的实际效力。如果一个领导者得不到被领导者的积极响应，那他的领导力就是空的。

孟子讲："天下有达尊三：爵一，齿一，德一。"就是说，为人尊崇一是来源于爵，即地位和权力；二是来源于齿，即年龄和资历；三是来源于德，即品德和人格的力量。以此相应，领导也可分为权力型领导、权威型领导、魅力型领导。

领导力首先来自领导职务，有职才有权。一朝权在手，便把令来行。一个人只要有职有权，就能发号施令。领导者有权制定游戏规则，建立制度规范，设置奖励和惩罚条例，被领导者出于对权力的敬畏和对自身利益前途的关切，不得不为领导者效力。这种只凭借权力驱使别人为自己干事的领导者，只是最低层次的领导力，也是最不受欢迎的领导者。要知道，权力并非领导者自身具有的，而是组织授予的，或是制度规定的，带有很大的脆弱性和不稳定性。

相对于权力型领导，权威型领导是较高层次的领导。权威是权力和威望相结合的产物。对领导者而言，权威是难得的一种法宝。领导者很多，但真正有权威的却很少。有职务不一定有权力，有权力不一定有权威。权威是在长期实践中逐步积累起来的，是被领导者对领导者能力、人品、业绩和阅历的一种认可。同样职务的人，有无权威，其领导效果会大不一样。缺乏权威的领导者，他的权力会大打折扣。而具有权威的领导者，他的权力会大大放大，甚至远远超出他的法定职权界限。一个享有崇高威望的领导者，他说的话部下会深信不疑，他发出的指令部下会认真执行，甚至对他的错话和错误的决策，下面也会盲目听从，或不敢指出，或不予计较。在社会转型变动时期，在领导层发生意见分歧之时，在突发事件到来之时，这种权威性领导可以发挥独特的作用，通过施加强有力的导向，起到力挽狂澜、一锤定音的效果。但应当注意的是，如果领导者过分显示权威或是滥用权威，可能导致破坏民主，走向个人崇拜和专制独裁。

<u>不论权力型领导或是权威型领导，都只具有硬性领导力，而唯有魅力型领导因具有建立在影响力之上的柔性领导力，才具有更高层次、更佳状态的领导力。</u>

美国培训大师约翰·麦克斯韦尔说过："领导的本质就是影响力"，"衡量领导力的真正尺度是影响力"，"如果有个人声称自己是领导者，不要轻信他的言辞，不要看他的资格证书，也不要看他的头衔，只要看他的影响力"。总之一句话，只有具有影响力的领导者，才是真正的领导者。

领导者的影响力不是组织上授予的，也不是职务和权力能够带来的，而是领导者自身努力、日积月累的结果。一个领导者要提升自己的领导力，必须在提升自身影响力上下功夫。

领导者的影响力取决于良好的知识修养、杰出的专业技能，以及高度的亲和力和人格魅力。

知识就是力量，知识力就是领导力。一个高明的领导者不能只是指挥部下干活的人，而应当担负起精神导师的角色，凭借自己丰富的知识、睿智的头脑，随时随地向部下传授为人处世的道理，为他们开启智慧，指点迷津，指明前进的方向和道路。领导者的吸引力首先来自自身的文化素养和精神魅力，一个不学无术、孤陋寡闻的领导者，必然是一个庸俗而乏味的人。

一个卓越的领导者应当具有出色的专业技能，在自己从事的业务领域中成为行家里手、业界精英，使你的部下能以你为荣，以你为学习榜样。在动物界奉行一条不成文的法则，谁有本事谁为王，那些鹿王、猴王都是靠本事打拼出来的。人类的心理也是如此，人们总是愿意接受比自己强的领导。人们所以愿意追随你，是相信你能够打胜仗，能够创造出一流的业绩，为他们搭建起一个成功的平台，为他们的人生增光添彩。有谁愿意跟随一个无能之辈去浪费自己的大好年华呢？

亲和力是最有效的影响力，有亲和力的领导者是最受欢迎的领导者。

一个领导者必须懂得尊重你的上级，自觉维护组织应有的秩序。不管你喜欢还是不喜欢你的上级，都应当给予应有的尊重，该请示的要请示，该汇报的要汇报，你的上级就是你的工作环境，没有上级的信任和支持，你将一事无成。如果存心和上级作对，十有八九没有什么好下场。

如果你一门心思都花在上级身上，而不懂得善待你的下级，那又大错特错了。你工作效率的高低，工作成就的大小，群众威信的好坏，在很大程度上取决于你的下级对你是否忠诚，是否真心实意地为你服务。人是有感情的动物。人们常说"不要感情用事"，其实，任何人都不可能摆脱感情的纠缠，自觉不自觉地都会把感情带入工作之中。感情决定着思考方向，决定着精神状态。人与人有了感情，一句话能顶十句用。人与人没有感情，十句话也不顶一句用。在人与人的交往中，应当重感情，讲理智，只有情通，才能理顺。

领导者必须始终以人为本，而不能以事为本，坚持"与人为善，助人为乐，以诚相见，以礼相待"的原则。以人为本，首先应当体现在善待你的部下，善待你周围的人，关心他们的利益诉求，关心他们的成功成长，关心他们的喜怒哀乐。不能把部下当做机器人，似乎只要自己一按电钮，他们就会不停地工作下去。

有一位知识分子干部，在某个领导手下工作多年，勤勤恳恳，尽心尽力。但那位领导从来不关心他的愿望和需求，从不过问他的家庭状况，彼此之间除了工作来往外没有任何其他交往。有一次，这位知识分子干部回家料理父亲的丧事，回来后那位领导连一句关切慰问的话都没说，又直接布置工作。这位知识分子干部非常伤心和失望，下决心离开了那位领导。一个领导者，如果不近人情，不讲友情，像个冷血动物，怎么可能获得大家的真心拥戴呢？

我们经常讲要树立群众观点，走群众路线；坚持从群众中来，到群众中去。如果你连周围的人都不放在眼里，谈何群众观点？如果你不能融入身边的群众，又怎么可能同广大群众打成一片呢？一个领导者的人品和人格，不在于人前怎么说，而在于人后怎么做；不在于台上怎么表演，而在于台下如何表现。最有发言权的是你周围的人。最令人讨厌的领导者，莫过于在日常生活中，依然戴着面具，摆出一副高人一等、自命不凡的样子，整天端着架子，板着面孔，唯恐失去做官的尊严，好像一个不食人间烟火的神仙。

五、领导的最高法则

在我接触的高层领导者中,清华大学原校长、党委书记刘达以其诚实、诚朴、诚信的品格给我留下终身难忘的印象。他作为一个外来人,能够很快赢得清华大学广大干部和师生的信赖,同他这种诚实诚信的品格有极大关系。他过去因为敢讲真话而吃了不少苦头,但依然保持着诚实的品格。他有一说一,有二说二,对上决不曲意逢迎,对同事决不花言巧语,对群众决不轻诺寡信。在"文革"后拨乱反正、平反冤假错案中,刘达校长坚持实事求是原则,刚正无私,解决了一系列棘手的历史难题。

诚信是领导的最高法则,是全部领导力的根基,失去诚信等于政治自杀。一个领导者必须真心待人,言行一致,信守承诺,才能建立起高度的公信力。公信力是领导者最脆弱的一项特质,要建立起公信力需要一点一滴持续不断地努力,而一旦失去,花十倍的代价也难以挽回。

古罗马著名政治家塔西陀在总结执政经验时说："当政府不受欢迎时，好政策与坏政策都会同样得罪人民。"这一论断被称作"塔西陀陷阱"，成为一条著名的政治学定律。"塔西陀陷阱"的基本含义就是，公信力是公权力的基础，是一个政权合法性的依据。政府一旦失去公信力，无论说真话还是说假话，都会被民众认为是说假话；无论干好事还是干坏事，都会被民众认为是干坏事。对一个政府及其领导者来说，最大的悲剧莫过于堕入"塔西陀陷阱"。

当前中国社会正面临着一种诚信危机。2011年中国社会科学院发布关于诚信问题的调查报告，称当前不信任情绪正在越来越多的人中蔓延，人们纷纷询问：社会的信任哪里去了？究竟什么是真的？还有什么可以信任？有的人索性不再信任。报告说，一个什么都不信的民族何以生存和自立！2013年中国社科院发布《社会心态蓝皮书》，称中国社会总体信任指标进一步下降，跌破了"及格线"，官民之间、警民之间、医患之间、商民之间等各个群体之间的不信任情绪在加深和固化，中国社会已显现出信任危机。《社会心态蓝皮书》呼吁必须重建社会信任体系。

如果有些干部腐败无能、无所作为，群众不信任是理所当然的。有些干部工作很勤奋，成绩很明显，群众也得到了不少实惠，然而，令人纠结的是，干群关系不但没有得到改善，反而更加紧张了；干部的公信力不但没有提升，反而下降了；明起暗伏的社会不稳定因素不但没有减少，反而增加了……这究竟是为什么呢？

首先，是数字失真问题。一些地方为了显示政绩和应对上级的考评，精心编造各种发展的数字。有谁知道，在一些地方公布的GDP、财政收入、人均收入、招商引资数量以及环保生态指标中，有多少掺水的成分呢？为了拼凑出一个满意的数字，下面又玩了多少猫腻呢？其实，对于某些数字政绩，不仅下面不信，上面不信，而且连自己也不相信。

其次，是政令多变问题。一些地方，换一任领导就换一套思路、换一套规划、换一套政策。前任订下的协议，后任不予承认；前任许下的诺言，后任不予兑现。这种朝令夕改、前后矛盾的做法怎么能取得人们的信任呢？

还有，就是高指标、乱许愿的问题。每当召开重大会议（如党代会、人代会）或新班子上台时，都会提出一些雄心勃勃的计划和令人鼓舞的指标。有些指标是经过充分论证、通过努力可以实现的；有些指标是比出来的、压出来的，只是吹牛皮，根本不可能达到。年长的人或许还记得1958年"大跃进"时的情景，在"超英赶美"、"跑步进入共产主义"的口号下，各地争相放高产卫星，争相进行共产主义试验，钢产量一年翻一番，水稻亩产超过12万斤，白薯亩产达到200万斤。然而大喜之后就是大悲，整个国家陷入大饥荒、大灾难。浮夸风、急性病真把中国人害苦了，沉痛的历史教训必须牢牢记取！

中国的基本国情是基础差、底子薄，地区发展的差别很大，城乡二元结构明显，目前贫富悬殊也很突出。30多年来虽然发展很快，但发展付出的代价和留下的后遗症也很多。党中央提出实现中华民族伟大复兴的宏伟战略目标：第一步，到2020年全面建成小康社会；第二步，到21世纪中叶，全面实现社会主义现代化；第三步，在21世纪末，实现中华民族的全面复兴。如果能如期实现这些战略目标，那是非常了不起的成就，当然也是非常艰难的任务。不要层层加码，争相提前，像群众讽刺的那样：上级压下级，层层加码，马到成功；下级骗上级，层层注水，水到渠成。与其拼速度，不如把基础搞得更扎实；与其做表面文章，不如把内涵搞得更丰富。

全面小康社会如同幸福指数一样，它不仅是对民众生存发展状态的一种事实判断，而且是对生活主观意义和满足程度的一种价值判断；不仅是可以量化统计的一套数字指标，而且是广大民众内心的幸福感受。总之，它是民众满意感、快乐感和价值目标的有机统一。

全面小康社会是包括经济建设、政治建设、文化建设、社会建设和生态文明建设五位一体的综合指标，这五项建设是相辅相成、协调并进的。有些指标在一个地方可以率先达到，有些指标如民主、法治、精神文明、生态文明等在一个局部地区很难率先实现。还有的指标具有一票否决的作用，比如说"没有健康就没有小康"。当一个地方，人民喝着污染的水，呼吸着混浊的空气，吃着不安全的食品，他们会感到幸福吗？要知道，财富不等于幸福，平均数也不代表大多数。全面小康的指标，不仅要看在一个地区的实现程度，更要看在每个家庭、每个社会成员中的实现程度。至于什么时候实现全面小康，不是政府宣布了就算数，归根结底要得到绝大多数群众的认可。令人尴尬的是，当一个地方高调庆祝全面小康社会已经实现的时候，老百姓却不认账、不领情，感到自己"被小康"、"被幸福"了。最具有讽刺意味的是，朝鲜在2011年发布了自己的"世界各国国民幸福指数"，排在前三位的是中国、朝鲜、古巴，而美国则被排在第203位，倒数第一。这种幸福指数有谁相信呢？

当前，社会诚信的缺乏，不仅是一种精神危机，而且很容易转化为政治危机。它损害的不仅是声誉，而且是政府的立政之本和通向文明社会的资格。重建社会诚信，应当是当今中国的一项当务之急的任务。

六、一把手是关键

在一个领导班子中,一把手是领头人,是当家人,是核心和灵魂。一把手的素质,决定着领导班子的水平和实力,也决定着事业的兴衰成败。俗话讲:强将手下无弱兵;将帅无能,累死千军。拿破仑则说过:一只狮子带领一群绵羊的队伍,可以打败一只绵羊带领一群狮子的队伍。

一把手就像是一台戏里的主角。一场精彩好戏,必须有一个得力的主角。如果主角不给力,再好的剧本也会演砸,配角和跑龙套的再卖力,也不会演出好戏来。同样,在一个领导班子中,如果一把手思路不对、能力不强、人品不端,其他领导成员再好,也会是一个软班子、散班子、烂班子。

在社会中,我们到处都能看到这种现象:一个地方,由于一把手选得好,事业蒸蒸日上,面貌日新月异,原来的落后单位变成了先进单位,原来的烂摊子转化为好局面;相反,一把手选错了,结果是工作停顿，事业滑坡，先进变成落后，好局面变成了烂摊子。一个地方，如果副职发生问题，相对容易补救，而如果一把手出了大错，则会伤筋动骨，大伤元气，长时间难以恢复过来。因此，选配一把手，必须以对人民事业高度负责的精神，慎之又慎，好中选优，决不能迁就照顾，滥竽充数。上级领导机关对一个地方最大的关心和支持，莫过于选好配强一把手。

领导者有将才与帅才之分。善于领兵者谓之将才，善于将将者谓之帅才。帅才精于思辨，将才精于执行；帅才长于战略决策，将才长于战术运用；帅才善于运筹帷幄，将才善于冲锋陷阵；帅才勇于创业开拓，将才擅长规范守成；帅才应有高度的号召力和影响力，而将才应有高超的业务本领。将才与帅才是两种不同的领导才能，有些领导者兼具这两种才能，有些领导者则不然。一个优秀的副职未必是一个合格的一把手，而一把手必须是一个帅才。

优秀的一把手应当具备什么样的素质呢？

优秀的一把手应当有理想、有信念、有主见、有稳定的是非标准和价值观念，在复杂情况下，能够凭借自己的坚定信念和价值判断，独立地进行思考和选择，不会盲目地跟风、跟人，把整个队伍带入误区。

那种缺乏信念、随风摇摆、见风使舵的人决不能担当一把手。

卓有成效的一把手应当具有敏锐的头脑和超前的思维，善于审时度势，在机遇到来时敢于抢占先机，果断决策，最大限度地发挥机遇效应。那种头脑迟钝、胆小怕事，关键时刻优柔寡断的人，不可能成为合格的一把手。

英明的一把手从来不是大权独揽、包打天下，而是善于分工授权，充分发挥领导团队的集体智慧和整体优势。一把手知人善任的能力，首先表现在把每一位副职安排好、使用好，让他们各司其职、各负其责、有职有权地开展工作。一把手不能像一个"管家婆"，整天唠唠叨叨、婆婆妈妈，大事小事都过问。更不能像一只巨大的陀螺，在别人的场地上疯狂地旋转，弄得别人只能靠边站。一把手的职责就是想全局、抓大事、出主意、用干部。凡是副职想得到、办得成的事，不必乱插手，让他们放心大胆地去干，自己应当去做那些副职想不到或办不成的事，把主要精力用在方向性、全局性、战略性的问题上。

贤者在位，能者在职。一把手不一定是最聪明、最能干的人，但应当是最公道、最包容、最能把大家团结起来的人。宽宏大量、厚德包容应当是一把手必备的品格。一把手切忌心胸狭隘、记恨记仇，否则要么跟别人过不去，要么跟自己过不去。一把手应有的风格就是让名、让利、让权，容人、容异、容错。那种小肚鸡肠、斤斤计较的人，都干不成大事业，成不了大气候。

领导的学问就是处理上下左右各种关系的学问。一把手的智慧在于能够理顺和平衡各种关系，营造一个和谐的人际环境。一个领导团队如同是一个圆，一把手处在圆心的位置上，应当与处于圆周上的每一个成员保持等距离，不能亲亲疏疏，搞小圈子。否则，就会失去公平公道，就会离心离德，失去领导团队应有的向心力和凝聚力。

一把手是一面旗帜，是一种导向，一个单位风气的好坏，在很大程度上是由一把手决定的。风气生长的规律是上行下效，"上有所好，下必甚焉"，"上梁不正下梁歪，中梁不正倒下来"。正如《康熙政要》中所说："大臣为小臣之表率，京官为外吏之观型。大法则小廉，源清则流洁，此从来不易之理。"如果一把手风清气正、严于律己，下面就不敢乱来。如果一把手不清不正、不干不净，各种歪风邪气就难以制止。一旦风气搞坏了，再好的政令法规也会大打折扣，坏人坏事就会防不胜防，层出不穷。作为一把手必须时时警惕自己的弱点，节制自己的欲望，防止不良天性的发作，切不可放纵自己。

我国现行的领导体制可以说是"一把手说了算"的体制。一个地方的党委书记拥有的权力实在太大了。从制定方针政策、调整任免干部、制定经济社会发展纲要、编制城乡规划、进行各项体制改革，到确定重大建设项目以及财政资金的使用，以及土地、山林、矿产等公共资源的配置，几乎都要一把手点头，都是一把手说了算。一把手想干的事未必都能干成，但一把手不同意的事肯定干不成。在这种体制下，一把手不但要有高度的事业心和责任感，而且要有高度的党性修养和严格的自律。

近年来，我国实行地方党委领导体制的改革调整，减少党委副书记的职数，实行党委常委分工负责制，其初衷是为了减少决策层次，加强集体领导，但结果却违背初衷，进一步强化了一把手的权力，弱化了制约和监督机制，使权力的配置更加不科学、不规范。在这种个人高度集权的体制下，错误决策、盲目发展、买官卖官、行贿受贿等各种消极腐败现象难以避免,即使再好的领导者也会逐步变化、异化,因为体制的弊端会把他们推向反面。当前,政治体制和领导制度改革的重点和难点,就是管住一把手,合理分权,加强制约,把公权力关进制度的笼子里。不触动权力过分集中这个根本弊端,其他各项改革都难以深入,难以到位,即使改了也很容易复归。

七、既会干事又要懂事

南宋皇帝宋孝宗曾经对大臣感叹朝中缺乏会干实事的"办事大臣"。名儒张栻应对说：皇上应当首先选择懂事的"晓事之臣"，如果只会办事而不晓事，将来一定会败坏朝廷的事业。

乾隆时期的大臣熊学鹏对于"办事"和"晓事"问题，进行了深刻的阐述。他说：想办事而不晓事的人，势必会带来纷扰之患；只晓事而不会办事的人，势必造成废弛之忧。皇上应当在办事之臣中寻找晓事之臣，他们心足以晓事，身足以办事，心与身皆为国所用，效力于皇上，这才是真正的人才呀！

今天我们选择领导干部，不但要考虑是否想干事、会干事，而且一定要考虑是不是懂事。

什么是懂事？

首先，是能够正确地估量形势，因时而动，顺势而为，而不要误判形势，逆潮流而动。所谓正确决策，就是在正确时机采取正确行动。错误时机采取错误行动必然失败，错误时机采取正确行动或正确时机采取错误行动也不可能成功。就像一名百米跑运动员那样，提前起跑或滞后起跑都会失败。成都武侯祠有一副清代赵藩所书的对联说："能攻心则反侧自消，从古知兵非好战；不审势即宽严皆误，后来治蜀要深思。"领导者必须善于审时度势，把握时机。时机决定成败，时机决定一切。

其次，就是正确估量力量对比，善于争取多数人的理解和支持。政治的艺术就是争取多数的艺术。一些领导者的失败，往往不是因为决策不对，而是因为急躁冒失、锐气太盛、力度太猛，超出了许多人的心理承受力，人为地增加了许多阻力，从而导致正确决策的失败。

汉代贾谊是一位博学多才、锐意进取的杰出人才，他深受汉文帝赏识，21岁就被调到皇帝身边，任命为大臣，专门为皇帝出谋划策，修改制定政策法令。他写下的《论积贮疏》《治安策》等，不仅是充满宏韬伟略的政论名作，而且是光耀千秋的文学名篇。然而，他缺乏经验，过于操切，锐气有余而成熟不足，因此遭到众多重臣权贵的反对。最后，皇帝不得不忍痛割爱，把他下放到外地，从此他便一蹶不振。毛泽东还专门写了一首《七律·咏贾谊》：

> 少年倜傥廊庙才，壮志未酬事堪哀。
> 胸罗文章兵百万，胆照华国树千台。
> 雄英无计倾圣主，高节终竟受疑猜。
> 千古同惜长沙傅，空白汨罗步尘埃。

我国改革开放取得成功的一条重要经验，就是把改革力度、发展速度和社会可承受度有机统一起来，在确保政局安定、社会和谐的前提下实行渐进式的改革。这是一条正确之路，应该坚持。

第三，要遵纪守法，照规矩办事，切不可鲁莽行事，蛮干胡来。有的领导者以为自己是出于公心，为大家谋利益，不是为个人捞好处，于是便不顾法纪的约束而贸然行动。也有的领导者觉得有后台撑腰，便胆大妄为、无法无天，不惜逾越政令的红线。事实上，不管你是出于什么动机，拥有什么正当的理由，只要违反法纪，就必须承担相应的后果。就像民主决策未必科学、未必正确一样，即使不科学、不正确的决策，你也必须服从多数人的意志。有些纪律规定也许是过时的，但只要没有废除，你就要遵从。即使明天就要废除，你今天触犯了，依然要受到惩罚。

　　总之，所谓懂事，就是一要正确估量形势；二要正确判断力量对比；三要守规矩、明事理、知深浅。如果只干事，不懂事，那就会惹事、出事、犯错误。要知道，世界上很多错事和坏事，并不是坏人干出来的，而是好人办坏事，好心办错事，所以，领导干部必须是一个明白人。

八、求同存异的智慧

决策的过程,是集思广益的过程,择善而从的过程,也是求同存异的过程。决策中的重点和难点就在于求同存异。善于求同存异,这是做人处事的智慧,也是领导的经验和艺术。

求同存异是"和而不同"理念在领导科学中的运用。

早在两千多年前孔子就提出"和而不同"的理念,认为万事万物和谐相处又不千篇一律,彼此不同又不相互冲突,和谐方能共生共长,不同方能相辅相成。"和而不同"是事物发展的一条客观规律,是为人处世应当遵循的一条原则,也是人类文明发展的最高境界。

周恩来是举世公认的一位处理复杂矛盾、协调人际关系、应对危机事件的能手。他在处理内政外交事务中始终坚持求同存异的原则,力求做到异中求同、扬同抑异,把高度的原则性和高度的灵活性相结合。他寓刚于柔,融韧于忍,内方外圆,显示了高超的领导艺术和丰富的领导经验。

在决策过程中,最忌讳两种情况:一种是没有任何不同意见,完全拥护,全票通过;另一种是众说纷纭,莫衷一是,或是两种意见截然不同,争执不下,达不成任何共识。

在决策中,如果没有任何不同的声音,一种方案得到百分百的赞成,那其实是一种假象,不是真民主,而是假民主,它不会产生最佳效果,很容易导致错误决策。

在民主决策中,领导层存在着不同意见是很正常的事。参与决策的成员,阅历和经验不同,分管的领域不同,知识背景不同,看问题的角度不同,自然会有不同的看法。作为主要领导者,应当鼓励和启发大家畅所欲言,充分发表意见。只有听取各方意见,集中各方智慧,才能修正错误,弥补不足,使原有的方案更加完善。只有"货比三家",对不同方案进行反复比较,才能兴利除弊,求得最佳方案。在众口一词,或默默无语的情况下,最好不要草率决定,更不要在不少人持有异议的情况下强行通过。

回想自己从事领导工作的经历,当自己处于主要领导者的位置时,如果一种方案能得到广泛拥护,顺利通过，心里就比较高兴，有一种成就感。而当一种方案遇到较大阻力，不易通过时，心情就比较郁闷，有一种挫折感。事后回想起来，在决策时有不同意见和反对声音，不是坏事情，它可以使自己头脑比较清醒，减少一些失误，而一些盲目的决策都是在大呼隆中匆忙决定的。

当自己处于非主要领导地位时，则是另一种感受。在审议方案时发表不同意见会有种种顾虑，担心伤了和气，影响团结。在明知主要领导者执意要干、反对也无效的情况下，如果再去发表不同意见，岂不是犯傻、讨嫌、不识时务？那种走过场式的民主和确认式的投票尤其令人反感。如果只有一种方案，没有任何比较，你不同意也得同意；如果只有一个人选，没有任何选择，你不赞成也得赞成。

如果在决策过程中发生明显的意见分歧，这时，领导者务必不要被这些分歧困住了，满脑子都是分歧。首先应当在求大同上下功夫，寻求共同的立场、共同的要求、共同的理想、共同的利益，以此为出发点，设法以同化异，缓解分歧，避免因小异而影响大同。小不忍则乱大谋。如果暂时求不得大同不妨退而求其次，在求小同上做文章，小心翼翼地去寻求各种不同意见中的共识点、相同点，选取其中合理的成分和大家都能接受的东西，然后再巧妙地去放大这些相同点。

对不同意见不能听而不闻、漠然置之，更不能压制，而应当允许发表、允许保留，并给予应有的尊重。在不失原则、无碍大局的前提下尽可能予以兼顾。在某种意义上说，政治就是妥协的艺术，民主就是妥协的制度。妥协不是软弱无能的表现，而是政治文明的体现。妥协就是在意见冲突的前提下求得某种平衡和共识，找到一种互利共赢的办法。

一个成熟的领导者，应当不求一时痛快，不逞匹夫之勇，而应当灵活应对，适当变通。有时为了大局可以委曲求全，有时可以以退为进、迂回前行，有时可以做些必要的妥协和让步，以争取更大的发展空间。

不争论也是一种领导艺术。在决策中切不可挑起争论，激化分歧。因为争论不能解决问题，反而会使双方骑虎难下，陷入僵局。要知道，在争论中人们爱面子往往胜于爱真理。邓小平说："对改革开放，一开始就有不同意见，这是正常的……不搞争论，是我的一个发明。不争论是为争取时间干。一争论就复杂了，把时间都争掉了，什么也干不成。不争论，大胆地试，大胆地闯。"马基雅维里在《处世书》中说："言语不值什么钱。每个人都知道争辩得火热时,为了支持主张,我们什么话都说得出来。我们会引用自己所知道的一切来争辩,可有谁能够被这种空话说服呢?与那些无力的争辩相比,行动和示范有力多了,而且更具意义。"

九、领导者的致命弱点

春秋时期,齐桓公与管仲曾围绕国王必备素质的问题进行过一次坦诚的对话。齐桓公承认自己有贪玩、贪杯、贪色等缺点,问管仲这会不会影响自己成就霸业。管仲说:作为君王这些毛病并不是致命的问题,"人君唯优与不敏不可。优则亡众,不敏则不及事。"意思是说,君王最要紧的问题是:第一不能优柔寡断,否则,部下就会离心离德;第二遇事不可愚钝、不敏锐,如果见事迟、抓事慢,就会贻误大事。

三国时期,袁绍曾经是最有实力的一方诸侯。他雄霸河北、地广粮丰、兵多将广,又广揽人才,收养了大批名士,加之本人又出身名门,做过朝廷重臣,长得一表人才,一些人认为他或许是最有希望成就统一大业的英雄。然而,袁绍不过是披着虎皮的羊,外强中干,色厉内荏,一事临头,顾虑重重,分不清大事小事及是非利害,所谓"善闻而不能纳,好谋而不能决,有才而不会用。不断则无威,少决则误事"。结果，官渡一战，袁绍一败涂地，十万精兵毁于一旦，最后吐血而亡。

判断、决断、决策、决定，这是领导者的首要任务，是整个领导链条中最关键的环节。正确的决断是成功之本，没有决断，任何任务都无法展开，一切都无从谈起。在一个领导团队中，一把手是主心骨，是最后下决心拍板定案的人。一个杰出的领导者，应当具备果断而无畏的天性，而优柔寡断则是领导者的致命弱点。丘吉尔有句名言："犹豫不决将一事无成。"

决断力不是简单显示领导者的权力和勇敢，而是反映了领导者的一种综合能力，包括洞察力、分析力、判断力、学习力、创新力，以及直觉和经验、意志和责任感。决断的过程，不是"眉头一皱，计上心来"，更不是心血来潮，贸然行事，而是需要一套完整的工作程序。

首先，力求全面而真实地掌握信息，这是正确决断的前提，领导者切不可"情况不明决心大，心中无数办法多"。

其次，审时度势，捕捉机遇，把握好决断的时机。正确把握时机是决断艺术的生命。决断力的核心就是选择最佳时机，做出最优决策。在条件不具备时匆忙决策是盲动冒险，而条件成熟时拖延不决则会丧失机遇。机遇是一种时效性极强的宝贵资源，抓住机遇和丧失机遇往往就在转瞬之间。杰出领导者的智慧和勇敢就在于能够看准机遇，当机立断。

第三，既要多谋，更要善断。足智方能多谋，多谋方能善断。领导者的高明不在于他垄断了智慧，而在于他能够集思广益，择善而从。面对不同意见的分歧和不同方案的选择时，作为领导者必须有主见，有正确的是非观念和稳定的价值标准，善于对各种意见和方案进行分析、比较和权衡，吸取其中合理的成分，选取其中最有希望的方案，不能人云亦云，六神无主，被纷繁的声音搞乱了头脑。

第四，敢不敢采取出奇制胜的方案，是对领导者大智大勇的考验。《孙子兵法》讲："攻其无备，出其不意，以正合，以奇胜。"这道出了将帅克敌制胜的奥秘所在。在战略战术决断和人事决断中，出奇制胜往往可以收到意想不到的效果。这种出奇制胜的方案是常人智慧难以理解的，带有一定的风险性，因而会受到许多人的质疑。要知道，意见一致的决策往往是落后的决策，多数人容易接受的方案常常是平庸的方案。真理有时会掌握在少数人手里。群众的眼睛并不是雪亮的，有时也会生白内障。在商场上，能抢占商机赚到大钱的人总是少数人。一个杰出的领导者，应当敢于突破团队的阻力和习惯的惰性，大胆采取出奇制胜的方案，并运用自己的影响力和说服力，引导人们把这种方案付诸实行。

第五，最困难的决断是危机决断。在危机到来时，往往群情激奋，人心浮动，弥漫着一种恐惧和慌乱的气氛。人们或议论纷纷，或相互抱怨，或设法逃避。这时决断的后果关系安危成败，责任非同小可。在现场情况瞬息万变的情况下，根本来不及请示汇报，作为一线指挥员，应当以对人民事业高度负责的精神，将个人安危置之度外，随机应变，果断处置，处理得越快越坚决，或许付出的代价越小。这时候，如果畏首畏尾，反复请示汇报，没有上级指令就不作为，听任事态恶性发展，是逃避责任的最好借口，是一线指挥员的最大失职。

对领导者来说，优柔寡断不仅是性格上的缺陷，从根本上讲，是缺乏高度的事业心和责任感，缺乏无私无畏的品格。在选择领导干部时，不但要看他是不是民主，而且要看他会不会集中，要把具有良好的判断力和决断力作为必备素质，千万不能把优柔寡断的人放在一把手的位置上。

十、独断专行必然失败

领导的本质就在于群策群力。领导不是独白，而是对话，不是单打独斗，而是团结起来干大事。领导的过程就是领导者与被领导者良性互动的过程。因此，领导力不仅在于个人的能力，更重要的是团结力、凝聚力、团队力。没有同事的协同，没有群众的拥护，所谓领导就是一句空话。没有被领导者的领导者，其领导权等于零。

在楚汉相争中，项羽就个人能力和整体实力而言远远强于刘邦，为什么却招致失败呢？因为项羽老子天下第一，搞个人英雄主义，只逞匹夫之勇，放弃团队优势，最终兵败垓下，自刎乌江。而刘邦善用人才，依靠团队优势打败了项羽。

按照行为心理学家马斯洛的需求层次理论，人的需求由低到高依次为生理需求、安全需求、情感和归属需求、尊重需求和自我实现的需求。任何人都希望得到别人的尊重和信赖，希望最大限度地发挥自己的才能，实现个人的理想抱负。如果领导对某个人压了很重的担子，分派了许多任务，他虽然干得很累，但心里很充实、很高兴，认为这是领导对他的器重。如果领导不给他分派任务，让他白拿钱不干活，他会认为这是领导对他不信任。俗话说"无事生非"，人无所事事就一定会惹是生非。

同样，在一个领导班子里，如果一把手比较超脱，是一个踱方步、摇羽毛扇的人，只管大事，其他事放手让副职去干，让每一个副职都能够全力以赴地开展工作，充分发挥他们的主动性、积极性和创造性，这是一种理想状态。如果一把手整天忙得团团转，而副职们却没事干，这个领导班子一定会出问题。

我遇到过这样一位领导干部，他很有才华，有很强的事业心和进取心，又勤奋肯干，然而却不注意团结人，不善于调动别人的积极性。由于自己太能干，把别人的才干都淹没了；由于自己太积极，把别人的积极性都搞没了。一个人大权独揽，小权也不分散，大事小事都由一人做主，事无巨细频繁干涉过问，弄得其他领导成了有职却没有权，有分工却难以负责，干也不是，不干也不是。他自己一天到晚很辛苦，但别人并不领情，并不认账。后来几位副职都要求调动

十、独断专行必然失败

工作，组织上只好把他调开，因为在政治运作中不能采取得罪多数的办法，而只能采取得罪少数的办法。

在民主和法制健全的社会里，任何人的权力都不是无限的，而是有限的。任何公权力的运行都会受到法律和制度的约束，不可能为所欲为。一个领导者即使想独断专行也很难做到。

中国经历过两千多年的封建社会，封建家长制的传统根深蒂固。

封建家长制的特点，就是家长作为一家之主，具有至尊无上的地位，掌握着家庭一切重大事务的裁决权。在家庭管理中，采取以个人为管理主体的方式，无法可依，无章可循，完全靠主观意志行事，凭借严格的等级尊卑制度和严厉的家法私规维系家长的统治。在人事上，实行领导职务终身制，没有正常的人事更替制度，按照血缘关系和亲疏程度，任人唯亲，因人设事。现在，虽然封建制度灭亡了，但是封建家长制的传统并没有随着封建制度的灭亡而消失，而是依然在现实生活中发生着巨大的影响和作用，渗透到人们的思想观念、现存的领导制度以及社会生活的方方面面。

在中国共产党的历史上，几任领导人，如陈独秀、王明、张国焘以及晚年的毛泽东等都曾产生过家长制的作风。在基层的不少地方和单位,这种家长制的人物也是屡见不鲜。独断专行与其说是领导者的个人素质问题,不如说是现行领导制度带来的弊端。

<u>我国现行领导制度的最大弊端就是权力过分集中。这种权力过分集中的现象反映在横向关系上,就是党委过分集权;反映在纵向关系上,就是中央过分集权;反映在个人和组织的关系上,就是领导者个人过分集权。其中要害的问题是领导者个人过分集权。</u>

邓小平曾经尖锐地批评过这种权力过分集中的现象,他说:"许多重大问题往往是一两个人说了算,别人只能奉命行事。""权力过分集中于个人或少数人手里,多数办事的人无权决定,少数有权的人负担过重,必然造成官僚主义,必然要犯各种错误。""一个国家的命运建立在一两个人的声望上面,是很不健康的,是很危险的。不出问题没事,一出事就不可收拾。"

权力过分集中,必然破坏党和国家的正常民主生活,使民主集中制演变成了集中制、集权制、家长制、独裁制,由个人决定重大问题,个人凌驾在组织之上,组织成了个人的工具,在"组织"和"上级"的名义下,把个人意见强加于众人,把党内平等的同志关系和上下级关系，变成了君臣关系、父子关系和人身依附关系。

个人独断专行，必然导致重大错误的发生。历史上出现的那些大失误、大挫折、大浩劫、大冤案，无不同领导者的独断专行有相应关系。如果党内有正常的民主生活，能够听取大家的意见，像"大跃进"、反右倾以及"文化大革命"等重大错误，本来是可以避免的，起码不至于一错再错、一错到底。

独断专行的另一个后果，就是必然脱离群众，破坏团结，埋没人才，压抑人们的积极性。有谁愿意在一个独断专行的人手下干事，有谁愿意同一个作风霸道的人共事合作呢？搞独断专行的人自以为很聪明，其实很愚蠢，看起来很威风，其实都是不得人心的孤家寡人。

孔子讲："愚而好自用，贱而好自专。生于今之世，反古之道。如此者，灾及其自身也。"意思是说，愚蠢的人偏好自以为是，卑贱的人偏好独断专行。这些人活在当今，却总想着回到过去。这样的人必然会遭致灾难，殃及自身。

十一、在骂声中成长

我曾问一位美国朋友：美国人最喜欢的运动是什么？是NBA还是橄榄球？他回答说：美国人最喜欢的运动是骂总统，拿总统说事。他认为，总统是公民选出来的最大的公众人物，国民议论他、批评他、骂他，是无可非议的。但是你不能骂你的老板，否则，就把饭碗丢了。

做官总要做事，做任何事情都不可能只有利没有弊，不可能让所有人皆大欢喜。

如果你做了错事和坏事，挨骂是理所当然的。即使你做了对事和好事，照样会受到某些人的非议。越是关系到大家切身利益的事，可能引发的矛盾越多。当人们看不到希望、没有盼头时，虽然都不满，但心态是平静的。当人们看到希望、有了盼头时，平静的心态被打破了，期望值被吊高了，于是牢骚、抱怨、不满的声音也就出来了。假如你到一个新单位任职，那里有十个人，已经十年没有提级提薪了。你想办好事，先为两个人提了薪水，于是猜疑和议论便开始产生了；如果你为五个人提了薪水，剩下的五个人就坐不住了；如果你为八个人提了薪水，其余两人可能就是你的仇人。

任何一项善政，都不可能立竿见影地为所有人带来同样的好处，总会有人先得到好处，有人后得到好处，有人得到的好处多，有人得到的好处少，还有的人暂时得不到好处。于是，便产生了种种不满意、不平衡、不满足的声音。你不能因为做了好事反受指责而放弃做好事，而应继续做更多的好事来缓解不满的声音。

有的领导者认为自己辛辛苦苦为群众办事，甚至做出不为人知的自我牺牲，群众应当感谢自己。他们可以任劳，但不能任怨。一旦受到群众的批评，便心存芥蒂，耿耿于怀，不但影响了工作积极性，有的还影响了身心健康。澳门前特首何厚铧在上任之初说过一句话："岂能尽如人意，但求无愧我心。"这是领导者应有的一种豁达。

在各种民主评议、民主推选活动中，那些锐意改革的人总会丢掉一些选票，这不足为怪。因为改革意味着打破现有的权力和利益格局，它在给人们带来机会的同时，也带来了某种不稳定、不安全感。社会上除了少数先进分子外，多数人更看重既得利益和眼前利益，让他们为了长远利益而放弃眼前利益是非常困难的，可以说，群众永远是近期利益的压力集团。作为改革者，必须有一种不畏风险、不怕挨骂、迎难而进的精神。如果屈服于眼前利益的压力，改革将寸步难行。如果等到没人反对了，意见一致了才去改革，就等于放弃改革。

三国时期李康有段名言："故木秀于林，风必摧之；堆突于岸，流必湍之；行高于人，众必非之。"唐代著名文学家韩愈在《原毁》一文中，也尖锐地抨击了当时官场出现的"事修而谤兴，德高而毁来"的歪风邪气。在一种嫉贤妒能、相互倾轧的环境下，一个官员要想办好事又能获得好名声是非常不易的。做官不同演戏，官员不是演员，不能以讨人喜欢获取掌声作为行为标准，不能因为有人反对而放弃原则、放弃改革、放弃做事。

官员是人民的公仆，从事的是为人民服务的工作。做官必须有宏大的气量、宽广的胸怀、良好的心理素质，既能任劳，又能任怨，不怕议论，不怕批评，不怕挨骂，学会在骂声中前进，在骂声中成长。

十一、在骂声中成长

邓小平曾说过:"共产党做错事,没有为人民办好事,人民要骂可以骂。因为你是执政党,代表人民来领导全国人民嘛,人民为什么不可以骂?骂响了或许会警觉,会纠正错误。所以,我劝同志们不要怕骂。"

十二、有效地忙碌

勤劳敬业,勤政为民,这是领导干部应当具备的精神状态和职业道德。而懒惰懈怠,是领导干部意志衰退的表现,也是蜕化变质的开始。懒、馋、占、贪、变,这或许反映了一个领导干部蜕变的过程。

一个身居要职、肩负重任的领导干部,总有做不完的事情,忙碌是必然的,关键在于是否在忙正事,是否忙到点子上,是否忙出了效率,是否忙出了成效。要知道,忙碌不等于生产力,忙碌也不意味着成就。没有效率的忙碌是瞎忙乎,劳而无功的忙碌等于劳民伤财。

早在公元前3世纪,《吕氏春秋》就提出为政者有两种御事方法:事不躬亲和事必躬亲,任人而治和任力而治。该书认为,"古之善为君者",采用事不躬亲的领导方法,他们善用人才,任人而治,劳于论人,佚于管事,这种善于用人治事的方法是真正得到了领导的真谛。而"不能为君者"的领导方法,则是事必躬亲，任力而治，伤形费神，愁心劳耳目，这种只凭个人力气干事的领导方法是"不知要故也"。

管仲也提出"各顺其序，各司其职"的领导方法，认为君王负责统御百官，一般不干预众官职责范围的事；官吏则应用心处理好职责范围内的事，而不能越过职权行事。

在我们身边，不难发现这样两种不同的领导者：

一种领导者善谋大事，善于用人，善于分工授权，调动每个领导成员的积极性。他们知道自己该干什么，不该干什么。对于其他领导干部职责范围内的事情，他们不随便插手，更不轻易越级指挥。他们干得很潇洒，有章有法，有劳有逸，工作富有成效，大家也很开心。

一种领导者则不然。他们终日劳碌，加班加点，马不停蹄地工作着。不论大事小事，交给别人都不放心；不论分内分外，都要亲自过问；不分轻重缓急，只要心血来潮就去抓。他们最大的爱好就是开会，把大部分精力都消磨在文山会海中。他们没有既定的目标和固定的行动计划，谁找他他就为谁办事，谁官大他就听谁的，工作日程不断变来变去，不仅自己手忙脚乱，搞得部下也穷于应付，疲于奔命。这种忙而无序、劳而无功的瞎忙，弄得大家怨声载道。

西班牙哲学家葛拉西安在《智慧书》中曾经描述过那种思维混乱、终日忙碌的事务主义者：他们只关注事情无关紧要的部分，而对其核心部分却视而不见；他们拖拖拉拉做了许多无用的讨论，却还是不知道应该做什么；他们反复地兜圈子，不仅自己精神疲惫，力气用尽，还连累了身边的人；他们把时间和耐心全部浪费在那些无关紧要的小事上，而对那些重要的事情却抽不出时间来处理。

意大利经济学家巴莱多提出了一个"二八定律"，也称"巴莱多定律"。他认为，在任何一组东西中，最重要的因素只占一小部分，约20%，其余80%都是次要的。"二八定律"被广泛应用于经济学和管理学等领域中。它给人的启示是：一个人的时间和精力是有限的，要想做好每一件事情几乎是不可能的，必须学会合理地分配自己的时间和精力，与其面面俱到，不如重点突破。尤其是领导者必须学会抓住主要矛盾，抓住事情的关键和要害。

约翰·麦克斯韦尔在《领导力21法则》中提出"优先秩序法则"。他认为，作为领导者，各种事情都清楚地摆在你面前，你必须基于年度目标和未来远景，对眼前的事情加以评估，根据三项法则选出优先事项：第一，什么是你必须做的分内之事；第二，什么能带来最大的效益；第三，什么能带来最大的回报。

<u>任何卓有成效的领导者，必须善于区分轻重缓急，把精力专注于优先事项，才可能取得成功。</u>

一张一弛，文武之道。劳逸结合，才是符合自然规律的长久之计。列宁说："休息是为了更好地工作，不会休息就不会工作。"那种"没有功劳有苦劳，没有苦劳有疲劳"的说法是决不可取的。有的地方提倡"5+2"（即每周5个工作日加2个休息日都上班）、"白加黑"（即白天加黑夜都在工作）的精神，更是荒唐可笑的。一个人在紧张工作之余，如果能适当休息，或养精蓄锐，补充点能量；或家庭团聚，会会朋友；或搞些文化娱乐，愉悦身心；或读书思考，汲取精神营养……这对精力充沛、心情舒畅地投入新的工作，是很有必要、大有好处的。

十三、何时容易犯错误

任何人都会犯错误，人就是在不断犯错误又不断改正错误中逐步走向成熟的，一贯正确的人是根本不存在的。

普通人犯错误不难理解，为什么一些伟人也会犯重大错误呢？普通人犯错误，其危害和后果是有限的，而身居要位的领导者犯错误，其波及面要大得多，甚至可能给整个社会带来灾难性的后果。

任何错误都是以主观和客观相脱离为基本特征的。一种情况是认知能力不足，片面的认识导致错误的判断，错误的判断导致错误的决策和错误的行动。另一种情况则是体制的弊端造成的，当一个人拥有无限的权力，可以不受制约、无所顾忌地行事时，他们的劣根性就会充分释放出来，随心所欲，胆大妄为，什么错事坏事都可能干，什么荒唐的事情都可能发生。

领导者在什么情况下容易犯错误呢？历史上一些重大错误的发生有什么经验教训呢？

十三、何时容易犯错误

于幼军在《社会主义在中国（1919—1966）》一书中谈道："翻阅中共党史和中国近现代史，笔者发现一个奇特的现象：无论是革命战争年代，还是和平建设时期，每临艰难困苦、大灾大祸，不管处境如何凶险，条件如何恶劣，毛泽东总能坚定、沉着、冷静、务实、灵活应对，勇敢睿智地化险为夷，摆脱困境，显示其伟人风范和英雄本色；而一旦走上坦途，步入顺境，毛泽东往往容易头脑发热，刚愎自用，奏起斗争哲学，酝酿折腾内耗。其中究竟，实难说清。"

这段话讲出了人犯错误的一个重要原因：人在顺境和得意时，很容易被成功和荣誉冲昏头脑，忘乎所以，盲目决策，导致错误的发生。

顺境时人们往往只看到有利因素，而忽视不利因素和潜在风险，从而导致误判形势，盲目行动。

连续的成功会使人骄傲自大，过高地估计自己，陷入主观唯心主义的泥坑，认为自己什么都能干，别人不敢想的自己敢想，别人不敢干的自己敢干。

面对众人的赞扬和吹捧，某些人的虚荣心也会迅速膨胀起来，认为自己才是创造奇迹的英雄和超人，不断向更高的目标发起冲击，明知不可为而偏为之，明知错了也不肯罢手，一意孤行地把错误进行到底。

西汉魏相说:"恃国家之大,矜民人之众,欲见威于敌者,谓之骄兵,兵骄者灭。"

过去,我国在政治领域中最大的失误是"左"倾,只反右,不反"左"。从1957年反右斗争扩大化到1959年反右倾斗争以及此后的一系列政治运动,全是"左"倾思想惹的祸,最终演变成极"左"的"文化大革命",造成了十年内乱、十年浩劫。

与政治上的"左"倾相对应的是经济领域中的急躁冒进,这也是一种顽症。一旦形势好转,建设有成,便开始头脑发热,大干快上,急于求成,提出一些不切实际的目标和口号,开始瞎折腾。其结果,必然是比例失调,结构失衡,一年冒进,三年调整,大起大落,不可能持续稳定地发展。近年来,中央一再告诫全党不要瞎折腾。全局性的瞎折腾避免了,而局部性的瞎折腾仍然随处可见,急躁冒进依然是贯彻落实科学发展观面临的重大危险。

有一句世人皆知的名言:"权力导致腐败,绝对的权力导致绝对的腐败。"这是英国思想家阿克顿提出来的,也被称之为"阿克顿定律"。同样,绝对的权力也会导致绝对的错误。

当一个人刚刚走上领导岗位或新到一地任职时,

十三、何时容易犯错误

根基还不稳固,关系尚未理顺,经常会听到一些不同意见或批评的声音,权力的运作受到诸多因素的制约。这时候,作风会比较民主,做事会比较谨慎,不容易发生错误,即使有错误也能及早发现和纠正,不致酿成大错。而当他在一个地方干久了,拥有了足够的权力、势力和权威,可以说一不二了,这时,犯错误的机会就到来了。在他做出错误的决定时,有些人出于私爱和尊重而盲从,有些人出于畏惧而默认,有些人即使反对也无力改变,于是,导致了重大错误的发生。

对领导者来说,不是权力越大越好,也不是权威越重越好,因为过大的权力和过重的权威往往是铸就大错的重要因素。当你的权力畅行无阻地运行时,应当清醒地意识到,危机正在到来,是自己应该警惕的时候了。当一个地方形成了个人独断专行的权力格局,一把手具有说一不二的权威时,上级部门应及时地调换一把手的工作,让他到新的岗位去接受新挑战,开创新局面。这不是对他的不信任,而是对他真正的关心和保护。

邓小平在谈到"文化大革命"时说过,这样的事情在英、法、美这样的西方国家不可能发生。邓小平着重从制度方面反思"文化大革命"发生的原因,他认为:"最重要的是一个制度问题……过去因为制度不好,把他(毛泽东)推向了反面。"邓小平从"文化大革命"等一系列重大失误中总结出了中国政治体制以及党和国家领导制度中的五大主要弊端,这就是官僚主义现象、权力过分集中的现象、家长制现象、干部领导职务终身制现象和形形色色的特权现象,其中最根本的弊端是权力过分集中。正如邓小平所说:"权力过分集中,妨碍社会主义民主制度和党的民主集中制的执行,妨碍社会主义建设的发展,妨碍集体智慧的发挥,容易造成个人专断,破坏集体领导,也是在新的条件下产生官僚主义的一个主要原因。"

没有共产党就没有新中国,中国共产党的领导地位是历史的结论,是人民群众的选择。在今天的中国,只有中国共产党才能担当起执政兴国的历史重任。离开中国共产党的领导,中国必然四分五裂,一盘散沙,天下大乱,中华民族伟大复兴的战略就会落空。

新中国成立后,沿袭了原苏联高度集权的政治体制,共产党对社会政治生活拥有全面的广泛的领导权,包括立法权、行政权、司法权、决策权、执行权、监督权,也包括从中央到地方再到基层单位所有的公共权力。由于没有健全的民主制度和必要的分权制约机制，党的领导权很容易变成党委书记个人的权力，形成个人专断、个人独裁的局面。一旦党委书记决定了的事，其他领导干部即使不同意也无力改变。一旦上层发生失误，下面很难抵制，从而把整个社会席卷进去。改革开放以来，我国在政治体制改革方面做了不少改进、改善和改革，但是并没有革除权力过分集中这一根本弊端，在某些地方、某些领域，权力过分集中的现象反而更加强化了。这种个人高度集权的体制，虽然有利于政令统一，提高工作效率，便于集中力量办大事，但弄不好，也会造成集中力量办错事、干坏事，带来严重的后果。今天，像"文化大革命"这样的悲剧在全国范围已难以重演了，但如果不下决心革除现行政治体制中的根本弊端，在某些地方、某些单位，类似"文化大革命"那样的荒唐事情，并不是完全不可能发生的，重庆薄熙来、王立军事件的发生不是再一次向社会敲响了警钟吗？

十四、懂得见好就收

有一位领导干部长期主政一方,他聪明能干、勤奋敬业、政绩突出,使所辖单位成为一个知名的先进单位,本人也在当地享有很高的威信。上级领导几次想提升他到另外的地方任职,他都婉言谢绝了。他提出一套雄心勃勃的远景规划,决心在当地创造出更加辉煌的业绩。后来,一个突发事件使潜在的矛盾公开化,领导班子内部也发生了严重分歧,政治局面急转直下,他本人弄得非常狼狈,上级领导只好匆忙调动了他的工作。

许多类似的事例都告诉我们,做人做事贵在适中,要懂得适可而止,见好就收。

老子讲:"知足不辱,知止不殆,可以长久。""罪莫大于可欲,祸莫大于不知足,咎莫大于欲得。故知足之足,常足矣!"这是讲节制欲望的好处。

孟子讲:"可以仕则仕,可以止则止,可以久则久,可以速则速。"意思是说,应该做官就去做,该辞

十四、懂得见好就收

职就辞职,应该继续干就继续干,应该马上走就马上走。

一部汽车的好坏,往往不在于它的发动机,而在于它的刹车系统。一个人的成功与否,往往不在于他走得有多快,而在于他懂得适时进退。

人性的一个弱点就是贪心不足。一连串的胜利会使人头脑发热、忘乎所以,以为自己无所不能、无往不胜。在巨大的成功和荣誉面前,不是选择急流勇退,而是选择激流勇进。面对新的挑战时,再创辉煌的诱惑使得他们欲罢不能。周围人的加油喝彩也逼迫他们不能停手,否则就被认为是胆怯、无能,缺乏雄心壮志。在成功的诱惑和虚荣心的双重驱使下,他们不自量力地去投入毫无把握的冒险中,结果得到的是惨痛的失败。

诺贝尔奖得主丹尼尔·卡内曼提出一个心理学规律——峰终定律,认为人们对一件事情的记忆仅限于"峰"和"终",即高峰和结尾,事件过程对记忆几乎没有影响。高峰过后,终点出现得越迅速,事情给人们的印象越深刻。"峰终定律"告诉人们一个人生的道理:在最美好的时候离开。

如果我们参加一个朋友聚会,当高潮刚过,人们兴致未消时宣布结束，会感到心情愉悦。如果拖泥带水，搞得大家精疲力尽时再宣布结束，肯定使大家雅兴全无。同样，看戏看电影时，如果高潮迭起、精彩纷呈，人们还想接着看下去时，突然散场了，肯定令人回味无穷，还想"且听下回分解"。

一个领导者长期在一个地方、一个岗位工作会带来很多弊端。一是容易因循守旧，固步自封，失去创新的冲动。二是会使一些问题积存下来，以致形成积重难返的痼疾。三是会带来盘根错节的人际关系，形成团团伙伙，亲亲疏疏，堵塞了人才正常晋升的渠道。更严重的后果是形成"土围子"和独立王国，成为一个阳光照不进的死角，在黑幕下隐藏着许多肮脏的东西。

任何领导干部都应当明白，你掌管的事业不是家族企业，而是党和人民事业的一部分。你摊子再大，干得再好，干的时间再长，也不能把功劳记在自己头上，更不能从中分红。所谓"人民公仆"，就是为人民打工的，领导干部必须树立一个为人民打工的观念。作为"打工者"，应当召之即来，尽心效力，挥之即去，不抱怨言。

中唐名将郭子仪是"安史之乱"中一位力挽狂

澜、重整山河的社稷重臣，他一生中"权倾天下而朝不忌，功盖一代而主不疑"，是中国历史上罕见的一位富贵寿考、繁衍安泰、完名高节、哀荣始终的千古名将，李白、范仲淹、欧阳修、王安石等众多名家都曾专门写诗盛赞他的高功厚德。乾隆皇帝曾亲自撰文，称他"功名显烁，千古不朽，忠义笃诚，深限于心"，是一位"义动天地而泣鬼神"的忠臣良将。郭子仪的成功之道，就在于他忠君爱国，宽厚待人，知止知足，进退有节。他始终保持为皇帝打工的意识，召之即来，从不讲价钱；挥之即去，绝不抱怨言。

十五、品读三道奏折

政风,即官场风气,反映了干部队伍的精神状态,反映了官场的政治生态,也是观察盛世、衰世还是乱世的一个重要尺度。

在中国历史上,有几道谈论政风的著名奏折,它们不仅凝聚着古人治理政风的智慧和经验,而且对今天的执政党和领导者来说,依然有着重要的参考价值。

第一道奏折:《谏太宗十思疏》

这是贞观十一年(637)唐朝著名诤臣魏徵给唐太宗上的一道奏折。当时唐朝经过20年的励精图治,盛世景象开始显现,国泰民安,国力强盛,国威远扬。在一片文治武功的欢呼声中,朝廷中骄傲之风、懈怠之风、奢侈之风开始抬头。唐太宗开始居功自傲,懒于政事,追求奢靡,四处游玩,大兴土木,劳民伤财。针对政风急剧滑坡的状况,魏徵上了《谏太宗十思疏》,被史学家们称之为"万世名策"。

《谏太宗十思疏》以"固本思源、积聚德义、居安思危、戒奢以俭"为中心思想，列举唐太宗执政以后作风发生的十大变化，提出了十条具体建议。这十条建议就是："见可欲，则思知足以自戒；将有作，则思知止以安人；念高危，则思谦冲而自牧；惧满溢，则思江海而下百川；乐盘游，则思三驱以为度；忧懈怠，则思慎始而敬终；虑壅蔽，则思虚心以纳下；惧谗邪，则思正身以黜恶；恩所加，则思无因喜以谬赏；罚所及，则思无因怒而滥刑。"用今天的话来说，见到喜好的东西，要想到知足以警诫自己；将要大兴土木，要想到适可而止以使百姓安宁；考虑到帝位高风险大，要想到谦虚谨慎，加强修养；害怕骄傲自满，要想到海纳百川的胸怀；喜欢打猎游乐，要想到以一年三次为限；担心松懈怠惰，要想到自始至终都要小心谨慎；顾虑受到蒙蔽，要想到虚心接纳属下的建议；担心奸人进谗，要想到端正自身以斥退小人；施恩于人时，要想到不要因一时高兴而胡乱赏赐；处罚别人时，要想到不要因一时恼怒而滥用刑罚。

　　唐太宗见到这道奏折后，大为惊醒，他公开承认了自己的错误，对魏徵大加褒奖，加官晋爵，并且把这道奏折放在自己的案头，时时警示自己。以魏徵的这道奏折为契机，唐太宗下令整饬政风，革新政治，从而使唐朝出现了长时期的繁荣稳定,成为中国历史上最强盛的王朝之一。

唐太宗和魏徵可谓历史上明君忠臣良性互动的典范。魏徵所以能成为千古第一诤臣,关键是因为遇上了唐太宗这样一位英明而宽厚的君主。像唐太宗这样能够树立"水能载舟,亦能覆舟"的执政理念,坚持"兼听则明,偏听则暗"的民主作风,就是今天的领导人也未必能做到。在魏徵去世时,唐太宗失声痛哭,下令朝廷哀悼五天,并亲制碑文、亲自手书,慨叹道:"以铜为镜,可以正衣冠;以史为镜,可以知兴替;以人为镜,可以明得失。今魏徵殂逝,朕亡一镜矣!"

第二道奏折:《三习一弊疏》

这是清朝著名智臣孙家淦呈给乾隆皇帝的一道奏折,被史学家称为"大清第一奏议"、"第一名疏"。乾隆初年,清王朝进入"康乾盛世"的高峰期,此时朝廷中溜须拍马、歌功颂德的庸俗风气也逐渐流行开来。孙家淦作为康熙、雍正、乾隆的三朝重臣,时任督察风教纲纪的左都御史,对这种风气甚感忧虑,于是便向乾隆皇帝上了这道《三习一弊疏》。

这道奏折首先对乾隆大大赞扬了一番,说他仁孝敬诚、仁心仁政、明理宽厚、思虑周详等,接着一针见血地指出了官场流行的"三习一弊"歪风。

所谓"三习",就是耳习、目习、心习等三股不正之风。

第一习是"耳习"。朝廷之上,皇上"出一言而盈廷称圣,发一令而四海讴歌"。耳朵听惯了这种歌功颂德之词,不仅会厌恶直话真话,而且对不赞扬自己的话也反感,甚至歌颂不精妙、拍马不到位也感到不快。这就是"耳习之所闻,喜谀而恶直"的歪风。

第二习是"目习"。皇上越显得聪明,臣下越装得愚笨。皇上越觉得自己能干,臣下越变得畏缩。皇上看惯了群臣低眉顺目的媚态,不仅讨厌刚正不阿的人,而且反感不乖巧、不献媚的人,甚至对逢迎不巧妙的人也视之为对己不恭。这就是"目习之所见,喜柔而恶刚。"

第三习是"心习"。皇上高己卑人,自以为是,处处显示自己的英明伟大,不懂得珍惜人才,不体谅下面工作的艰辛,认为天下事没什么难办的,自己雄才大略,只要一发号令,下面立刻照办就行了。这就是"心习之所是,喜从而恶违"。

三习既成,乃生一弊。何谓一弊?喜小人而厌君子也。

在孙家淦看来,"三习"是造成君子和小人进退颠倒的根本原因。

在奏折中,孙家淦还对君子和小人的所作所为做了生动的描述:"语言奏对,君子讷而小人佞谀,则与耳习投矣。奔走周旋,君子拙而小人便辟,则与目习投矣。即保事考劳,君子孤行其意,而耻于言功,小人巧于迎合,而工于显勤,则与心习又投矣。"

皇上一旦溺于三习,就会认为小人"其言入耳,其貌悦目,其才称心",从而亲小人而远君子。

孙家淦的这份奏折在朝廷引起巨大轰动。当时乾隆皇帝初登大宝,踌躇满志,很希望大干一番,施展自己的宏图伟略。因此,他对孙家淦的这份奏折极为赞赏,当朝宣示,并擢升孙家淦为刑部尚书,兼总理国子监事。

"三习一弊"不仅是清朝特有的现象,而且是官场的一种通病,从古到今,屡见不鲜。今天,我们重读《三习一弊疏》,依然感到它如此切中时弊。

第三道奏折:《应诏陈言疏》

这是道光三十年(1850)曾国藩向新登基的咸丰皇帝上的一道奏折。

此年初,年方20岁的咸丰皇帝,诏令君臣上疏言

十五、品读三道奏折

事,评点朝政,提出意见。当时的清王朝国运衰微,外压内困,官场中污浊混沌,颓废腐败风气已是病入膏肓,积重难返。刚刚进京做官的曾国藩血气方刚,怀着一颗忠心赤胆,向咸丰上了一道《应诏陈言疏》,对官场的"四大通病"做了酣畅淋漓的痛斥。这是继孙家淦《三习一弊疏》之后又一道令朝廷振聋发聩的奏折,被誉为晚清第一奏折。

曾国藩在《应诏陈言疏》中讲道:自乾隆、嘉庆以后,大多数官员习惯于循规蹈矩,没有敢才智自雄、锋芒自呈的。固步自封者多,奋发有为者少。大多数官员把畏葸当谨慎,把柔靡当恭敬。而京官办事有两种通病:一是退缩,互相推诿,惟恐犯错误,遇事请示,不肯承担责任;二是琐屑,斤斤计较,不顾大体,察及秋毫,不见舆薪。地方官员也有两种通病:一是敷衍,遇事应付,习惯做表面文章,剜肉补疮,只顾眼前,不顾长远;二是颟顸,粉饰太平,报喜不报忧,花言巧语,不干实事,结果是金玉其外,败絮其中。曾国藩在奏折中大声疾呼:必须矫正时俗,转移官风!

对曾国藩的这道奏折,咸丰批示"剀切明辩,切中情事,深堪嘉纳",让曾国藩在朝廷上对奏折的内容加以讲解,并将此奏折发给群臣传阅。可惜咸丰皇帝回天无力,他既无雄才大略,又无胆量魄力,不敢动真格地去整治官风,只是发了一通议论便束之高阁了。不料曾国藩的这道奏折却得罪了群臣,激怒了众官,在朝廷中遭到一片冷嘲热讽。曾国藩为此十分痛心,把它视为平生的一大耻辱。

鉴古代之兴衰,考当今之得失。仔细品读这三道奏折,我们可以从中悟出一些道理。

其一,魏徵、孙家淦、曾国藩都是历史上著名的智臣和直臣,是社稷栋梁之材,他们深知政风对一个政权的极端重要性,它不仅关系一个政权的形象,而且关系人心之向背和国家之兴亡。如《资治通鉴》中说:"教化,国家之急务也,而俗吏慢之;风俗,天下之大事也,而庸君忽之。夫惟明智君子,深识长虑,然后知其为益之大而收功之远也。"

其二,政风的演变是有规律的。当一个政权刚刚建立时,统治者励精图治,一般都勤政廉洁,风清气正,希望通过良好的政风来树立形象,取信于民。当政局稳固、天下太平、国力强盛时,骄奢淫逸的风气便开始抬头,政风的下滑也是政权由盛转衰的重要标志。当一个政权进入衰世时,必然风教凋敝、政风败坏,各种消极腐败行为蔓延开来,积重难返,从而失去民心，由衰世转入乱世。所以说，政风是观察治世、盛世、衰世、乱世的一个晴雨表。

其三，在封建社会中，奏折是大臣与皇帝直接沟通的一条主要渠道，也是皇帝考察大臣的一个重要窗口。不少皇帝都曾发布诏令，鼓励官员上书言事，陈时政之得失，言地方之利弊，弹大臣之过失。清朝曾制定"国家定例"，规定内而九卿科道，外而督抚藩臬，皆有言事之责。各省道员只许专折言事，不许专折谢恩。曾国藩在从政为官的30多年中，先后向皇帝递交了二千多道奏折，或建言献策，或陈述民情，或保举人才，或参奏官员。今天，我们不妨借鉴一下古人的经验，也创设一种领导干部以个人名义，向上级机关乃至中央上书言事的制度，作为上下直接沟通、扩大党内民主的一种尝试。这种上书，不是官样文章，也不同于例行的请示汇报，而应当以评点时事、建言献策、批评建议为主。

其四，魏徵等人的奏折可谓是官场上的"重磅炸弹"，他们不但坦诚揭露官场上的种种丑陋现象，而且敢于评点皇帝的作为，批评皇帝的过失，这种做法即使在今天也会造成轰动效应。庆幸的是，他们面对的不是昏聩专断的暴君，而是年轻有为的开明皇上，因此，他们不但没有遭到厄运，反而受到嘉奖，加官晋级。今天的官员也应当学学魏徵等人无私无畏犯颜直谏的勇气，今天的上层也应当学学唐太宗等皇帝开明包容的胸怀。

十六、力戒语言腐败

著名作家王蒙在他的著作中写道:1946年他16年岁时,听到国民党和共产党两位要员的谈话。前者的讲话官声官气,装腔作势,文理不通,一片陈词滥调。而后者却为民立言,润物启智,充满着新思路、新观念、新名词,令人振聋发聩。他从二者讲话的鲜明对比中看到政党的前景和政权兴衰的端倪。王蒙说:"一个政权的衰落是从语文的腐烂上开始的。"

2012年,北大学者张维迎在一次演讲中提到"语言腐败"这个概念,尖锐地批评了当前语言腐败造成的严重社会后果:一是破坏了语言的正常交流功能,导致人们智力退化、大脑萎缩,缺乏理性和逻辑思考能力;二是导致道德堕落,使一些人失去做人的良知,说假话不脸红,干坏事不知耻,潜规则公开化;三是导致社会的高度不确定性和不可预测性,危机四伏却以为天下太平,大难临头却茫然不知,面对突发事件来不及应对,甚至导致整个体制的突然坍塌。

查考其源,"语言腐败"这个概念是英国作家乔治·奥威尔在20世纪中期率先提出的,后来成为政治哲学中的一个常见术语,其主要特征是讲假话、讲大话、讲空话、讲套话等话风成为自上而下广泛流行的一种风气。语言腐败在不同时期不同社会背景下,有不同的特点、不同的表现。

在1958年大跃进时期,吹牛浮夸风甚嚣尘上,中国社会充斥着天方夜谭式的热昏胡话。

十年"文化大革命"中,在政治狂热、个人崇拜的背景下,"假、大、空"达到登峰造极的地步。

近年来发生的语言腐败主要表现为长话、空话、套话的流行。

套话有这样几个特点:

一是套话都是固定搭配、成套出售的。不管什么会议、什么场合、什么对象,都必讲这一套。套话必空,套话必长,套话必然是废话。

二是套话都不是自己的话,而是抄袭套用过来的,发明权在上面,上行下效,互相传抄。

三是套话都不是真心话,而是虚话、假话、虚应客套的话、言不由衷的话,带有政治表态、逢场作戏的色彩。

四是套话都是老话、旧话，老生常谈，陈词滥调，让人一听就烦。

在语言市场上，从来都是听方市场。讲话是为了让人听，应当以别人听得进为前提，以引人入胜、心悦诚服、耐人寻味、发人深思为理想境界，不能强买强卖，强迫别人去听。如果在剧场里，有观众睡戏、逃戏，那首先是戏的问题、演员的问题，而不能去追究观众的责任。如果开会作报告，空洞无物，又臭又长，发生听众睡会、逃会现象，究竟是谁之过？用纪律强迫别人去听，不听就严加处分，实在是不高明的行为。

讲话是一门艺术，是一种才能。口才是人生的必修课，是领导力的重要方面。

公元前3世纪著名法家韩非子在《说难》中就讲过，说话必须看对象，了解对方心理，投其所好，有的放矢，找到共同的兴趣和共鸣点，切忌粗暴无礼，啰嗦冗长，空泛放任。

古希腊圣贤苏格拉底曾经创办过多所语言修辞学校，把学会说话作为帮助公民秉性养成和德行成长的教育内容。苏格拉底认为，学会说话应具备三个条件：第一是自然秉性，不仅有讲话的天赋条件，更重要的是用心真诚地讲话；第二，应当掌握说话的必要知识和技巧，包括文采、修辞造句的能力等；第三，重在实践锻炼。

西方国家的政治家大都具有良好的口才和很强的演讲能力，这是公共政治生活的需要，是解读政策、争取民众支持的重要方式。我国的领导干部不必像西方国家的政客那样，练就一套能言善辩、铁嘴铜牙的本领，但也应当适应现代民主开放社会的要求，大力提高自己的讲话水平。

当前中国官场和社会上的恶劣话风令人厌恶，到了非整治不可的地步了。我们应当像当年反对党八股一样，把整治话风作为转变党风、政风、文风、会风的一个突破口，下决心加以专项治理。要充分认识语言腐败的严重危害，让它像老鼠过街一样，人人喊打，失去市场。

首先，倡导说实话。说实话并不难，只要有话直说，实话实说就行了。任何人都能说实话，关键是领导要喜欢听实话，允许说实话。如果谁说实话谁吃亏、谁倒霉，那就很少有人说实话了。

其次，力戒说假话。人不说假话是很容易做到的，环境不合适，你不说话就是了。重要的是领导部门、有关规定,不要逼人非说假话不可。对故意说假话、报假数、汇报假情况的人应当严肃处治。

第三,转变话风必须从官场开始,从中央开始,从主要领导开始,由上到下,由官到民,逐步推进。

党的十八大之后,习近平总书记第一次亮相讲话,言简意赅,平实无华,不讲套话,令人耳目一新,以"短、实、新"的优良话风赢得人们广泛赞许,开启了风气革新的新局面。

十七、重建批评与自我批评空间

自省,是中国古人加强品德修养的基本途径,是净化心灵、提升人格的自我心理活动。孔子、孟子等都倡导日省吾身、诚意慎独。自省,其实就是自我反思、自我解剖、自我批评、自我调适。自省是心灵的一面镜子,是培养良心的学校,是一个人逐步走向成熟、走向完美、走向成功的阶梯。人不能糊里糊涂地活着,要想活得明白,就要学会自省,"吾日三省吾身"做不到,但过一段时间总该静下心来盘点一下自己,看看自己有什么优点和缺点,有什么正确和错误,有什么进步和退步,以严于责己的精神不断修正和完善自己。

在佛教和基督教中,都设有忏悔制度或忏悔节、忏悔室,要求信徒自陈己过、思罪责己、痛改前非,以乞求佛菩萨或上帝的宽恕,求得自身心灵的安慰。这种忏悔活动,既是加强道德修养、保持心理健康的一剂良药,也是净化社会风气、促进社会和谐的有效方法。

一个人，一个政权，一个政党，都不可能一贯正确，永远不犯错误。这就需要通过经常性的批评和自我批评，来及时修正错误，吸取教训，防止由小错变成大错，由局部错误变成全局性的错误。一个拒绝批评的政权必然走向灭亡。

相传早在尧舜时期，就"设谏鼓，立谤木"。日后，谏官制度日趋完善，到了周朝，谏官已成为中央政权的主要职能部门之一。古人认为，天子之耳不能自聪，天子之目不能自明，必须设立谏官制度。谏官的职责就是监督皇帝，专门评点皇帝的作为，寻找皇帝的过失，然后，直言规劝，促其改正。到唐宋时期，谏官制度高度完备，言谏活动蔚然成风。当时的谏官制度绝不是装点门面的政治摆设，谏官也不是一群滥竽充数的无能之辈，而是由当朝清正刚直、不畏强权、具有很高知名度和影响力的精英人士充任，像唐朝的魏徵、狄仁杰、韩愈、白居易，宋朝的范仲淹、欧阳修、司马光、包拯等杰出人物都曾担任谏官。为了让谏官尽职尽责、敢言直谏，法律明确规定，谏言不咎，谏官不罪，诛杀谏官者就是昏君。设立完备的谏官制度，这是中国封建专制社会中一个奇特而重要的现象,是古人政治智慧的结晶,对今天的民主政治建设依然有着积极的借鉴意义。

批评与自我批评是中国共产党的三大优良作风之一,是解决党内矛盾、纠正自身错误的基本方法,是加强民主监督、促进党内团结的有效手段,也是保持先进性、提高战斗力的有力武器。

一个以为人民服务为宗旨的政党,你服务得好不好,理应接受人民的评判。领导干部作为人民的公仆,理应接受主人的监督与批评。对于一个长期执政的政党来说,听不到批评的声音是非常危险的。

对待批评,正确的原则就是:知无不言,言无不尽;言者无罪,闻者足戒;有则改之,无则加勉。

在对待批评与自我批评上,我们有过丰富的正面经验,也有过沉重的反面教训。其反面的教训是:

首先,对批评者进行身份鉴定,是好人还是坏人?是善意还是恶意?对于被认为是坏人和别有用心者的批评,不但不能接受,而且必须坚决予以反击。

其次,设立若干条标准,对批评意见进行衡量,区分是香花还是毒草。

最粗暴的做法就是把批评演变为群众性的大批判,发动大家"群起而攻之",一起落井下石,残酷斗争,无情打击。这种大批判运动一度成为进行权力斗争和政治迫害的最野蛮手段。在"群众运动天然合理"的口号下,一切道德和法纪都荡然无存。

最后,就是以言定罪。凡是被认定为"别有用心"、"恶毒攻击"、"散布毒草"者,统统被列为专政对象,此后,只许老老实实,不许乱说乱动。

这样做的后果,必然是堵塞言路,助长错误的发生发展,最终导致了"大跃进"和"文化大革命"这种全局性、灾难性的后果。

有过较长党内生活经历的人都会记得,在政治空气比较健康的时期,在党内的民主生活会中,同志之间坦诚相见,以心换心,每个人都首先认真进行自我批评,然后彼此开展批评。尽管有时弄得自己脸上无光,浑身冒汗,但心里却热乎乎的,真有一种触及灵魂的感觉,对一个人的成长进步大有益处。这种和风细雨、与人为善的民主生活会至今令人怀念。

可惜,近年来批评与自我批评的作风逐渐淡化了,许多地方已经丢掉了,代之而起的是吹捧与自我吹捧、表扬与自我表扬的庸俗风气。大会小会,到处充斥着评功摆好、互相吹捧的声音,即使讲几句自我批评的话,也无非是"认识不足,经验不够,方法欠妥，有待提高"之类的空话，不痛不痒，无任何实际意义。同事之间，一团和气，讲面子不讲真理，讲私情不讲原则，几乎没有任何认真的批评和自我批评。正像群众讥讽的那样："批评上级，官位难保；批评同级，关系难搞；批评下级，选票减少；批评自己，自寻烦恼。"与官场上这种风气形成鲜明对照的，是民间各种批评、牢骚、奇谈怪论的流行。事情就是这样，会上不说，会下必然乱说；大道不通，小道就会盛行。

在批评与自我批评中，关键是自我批评。任何教育只有转化为自我教育才能达到教育的目的，任何批评只有转化为自我批评才能收到批评的效果。如果一个领导者缺乏自我批评的精神，闻过则怒，对批评意见耿耿于怀，怀恨在心，蓄意打击报复，那就不可能听到任何真实的批评声音。2012年习近平在中共中央党校的一次讲话中，专门讲了唐朝名臣裴矩从一名隋朝佞臣转变为一名唐朝诤臣的故事。他引用古人的话说："君恶闻其过，则诤化为佞；君乐闻其过，则佞化为诤。"这说明，关键是领导干部要有听真话、实话的雅量，要有"让人讲话，天塌不下来"的自信，坚持言者无罪，闻者足戒。一个执政为民的政府，没有不可为人言者。

十七、重建批评与自我批评空间

中国共产党在90多年的历史中形成了三条最重要的生命线：第一条生命线就是实事求是，这是根本的思想路线；第二条生命线就是群众路线，这是根本的工作路线；第三条生命线就是批评和自我批评，这是永葆先进性和纯洁性的根本武器。这三条生命线相辅相成，一条都不能少。中国共产党要长期执政，长治久安，必须牢牢把握住这三条生命线，让它们永不褪色地发挥作用。

十八、如何善待人才

如何对待知识分子，这是衡量一个社会政治清明度的重要尺度，也是关系一个国家能否繁荣稳定的重要因素。从历史上看，凡是歧视知识分子的政权，大都是专制愚昧的政权，难以持久。任何时代，知识分子都是社会中的精英部分，他们不仅代表着当时的先进生产力和先进文化，而且在很大程度上左右着社会的舆论导向，影响着人心的向背。俗话说"得人心者得天下"，如果不能赢得知识分子，就不可能赢得人心。

当今中国，科教兴国、人才强国已经成为基本国策。科技是第一生产力、人才是第一资源的观念已经深入人心。尊重知识、尊重人才已经成为知识分子政策的主旋律。然而，尊重人才作为口号喊喊是容易的，而要真正落实到实处却是不容易的。什么是真正的尊重人才呢？尊重人才的重点和难点在哪里呢？如何善待各种各样的人才呢？

• 十八、如何善待人才

如何对待不听话的人才

凡是人才都有个性，都有一定的独立思考能力和自己独到的见解。有个性的人不容易合群，有独立见解的人不容易盲从，有本事的人不容易驯服，因此，人才往往是不听话、不驯服、不会讨好，有时又不大懂事的人。许多领导者只喜欢那种听话又出活的人才，他们宁可使用那种听话不出活的人，也不愿意使用那种出活不听话的人。如果尊重人才只是尊重听话的人才，而对不听话的人才则不予尊重，那所谓尊重人才岂不是一句空话？

人才不同于奴才，更不是宠物，选用人才不能以俯首帖耳、讨自己喜欢为原则。选用人才是为了干事业，谋发展，如果一群温顺可爱的庸才整天围着你转，但干不成事情，那又有什么用呢？对领导者来说，那种只会随声附和、处处和自己保持高度一致的人，并没有什么实际价值，因为你不懂的东西他也不懂，你不会的事情他也不会。要知道，只有听到不同声音才能使自己保持清醒头脑，只有吸取不同意见才能弥补自己的不足。一个优秀的领导者，不是总带着一帮不如自己的人干事，而是善于把一些比自己强的人吸纳过来，调动起来。中国的知识分子历来有"士为知己者死"的传统，有些人才可能开始不听话，但只要你尊重他、信任他，能够发挥他的才能，为他提供建功立业的机会，他的态度就会起变化，变成一个合作者，甚至成为你的好帮手、好朋友。

如何对待开拓创新型人才

我们的社会，最缺少的就是开拓创新型人才。这种人才非常难得，不易存活，尤其需要领导者精心加以爱护。

古往今来，那些兴利除弊、锐意改革的政治家，那些独树一帜、别开生面的科学巨人，都曾备受争议，历尽坎坷。

改革创新，意味着冲破世俗，打破常规，藐视权威，标新立异，意味着挑战现行的体制政策，改变现存的权力和利益格局，因此，必然遭到因循守旧势力和既得利益集团的强烈反对。

任何一项伟大的改革工程，总要一些地方先行试点，取得经验；总要一些改革者冲锋在前，披荆斩棘，杀出一条血路来。当这些改革的先行者遭遇艰难险阻时，作为上级领导者不能采取明哲保身的态度，让改革者孤军奋战，而应当旗帜鲜明地为冲在改革一线的人撑腰打气，保驾护航，敢于为他们分解压力，承担风险。如果没有上级领导作坚强后盾，提供强大的支持和保护，任何改革都难以成功。许多改革的失败，往往不在于守旧势力的反对，而在于上级领导者在改革处于困境时，自己知难而退，临阵退却。

在改革开放前期，北京大学一些学者率先突破了计划经济的禁锢，提出了中国的经济体制改革应当坚持市场取向，对国有企业应当进行股份制改造，对私有和民营企业应当在政策上一视同仁，必须打破价格双轨制，积极发展证券和期货市场，等等。这些观点在当时被认为是离经叛道的错误理论，具有资产阶级自由化倾向，是动摇社会主义、实行"和平演变"的理论基础，不仅遭到理论界一些人的抨击，而且受到某些领导机关的指责。学校当局吸取了历史上粗暴对待学术问题的教训，采取了"一慢二看三通过"的缓兵之计。一是当学术问题和政治问题纠缠不清时，应当本着就低不就高的原则，先作为学术问题对待；二是对待学术争鸣的问题，不宜简单采取行政手段和组织措施加以裁决；三是对待有争议的学者，应当允许他们继续进行理论探索，只要学风严谨，言之有理，持之有据，就不应当横加干涉。后来，这些理论观点逐步为党和政府所采纳，并转化成经济改革的政策举措。如果当初学校领导屈从于世俗的压力，采用行政手段和组织措施加以解决，不仅会妨害经济改革的进程，而且会造成很大的思想创伤和政治裂痕。

如何对待优点和缺点都明显的人才

有些人才，德才兼备，素质均衡，为人处世也比较谦和，起用这种人才，一般不会有多大的困难和阻力。还有些人才，属于偏才怪才类的，其优点和缺点都比较明显。他们身上所具有的优点，不是寻常的小优点，而是常人罕见的大优点、大才能，如果发挥得好，可望创造出非凡的业绩，产生巨大的效益。同时，他们身上也有许多小毛病、怪脾气，时常做出一些不合时宜的举动。对待这类人才，如果求全责备，肯定属于"不合格"之列。如果采取民主推选的方法，也会因为争议颇多而被排斥在外。如果弃置不用，可能埋没了一个杰出人才，造成难以弥补的损失。自古以来，那些在科学艺术上独领风骚、开创新风的天才人物，大都是优点和缺点都很突出的人，他们的创造基因和超凡天赋，往往就包含在那些与众不同的特质和怪异的性格之中。

史蒂夫·乔布斯是一位优点和缺点都很突出的人才。一方面，他是一位改变世界的天才，是数字化时代的导航灯，是创造苹果帝国的商业巨子。另一方面，他又是一个粗暴蛮横、刻薄自私、不近人情、道德品质并不高尚的人。2011年乔布斯去世后，在中国也曾引发热议，人们纷纷提出这样的问题：中国能不能产生乔布斯这样的天才？如果乔布斯生长在中国，会是一个什么结局？我们的领导部门能不能容忍和重用乔布斯这样的人才？

一个创新型的社会，应当包容各式各类的人才。一种富有活力的人才政策，不但要面对广大的普通人才、合格人才，而且一定要兼顾到极少数另类的天才、奇才、偏才、怪才。选用专业和技术人才，不要附加太多无关紧要的标准，不能像选拔领导干部那样设置许多条条框框和繁琐的程序。对于那种优点和缺点都明显，但有希望带来突破的人才，应当不求其全而求其特，不以小恶忘其大善，不以小瑕掩其大功。

要立足于扬长避短，着眼于把他们的特长和潜能发挥出来，最大限度地激发其正能量。起用这种人才，会有很大的困难和阻力，按照常规的方法是行不通的，需要破例地为他们开辟出一条便捷的通道。这无疑是一种风险投资，但没有高风险就不可能带来高回报。关键是领导者要有伯乐的眼光，要有海纳百川的胸怀，要有不拘一格用人才的气魄。如果我们国家能扶植若干个创新奇才，付出一些代价也是值得的。

如何对待犯错误的人才

人才是人不是神，照样会犯错误。如何对待犯过错误的人才，反映了一个社会的文明法制水平，也检验着领导者的气量和胸怀。如果选人用人过分挑剔，过于苛刻，那就没有多少可用之才。如果一犯错误，就记录在案，揪住不放，不仅会埋没人才，压抑积极性，而且人为制造了许多离心离德的因素，为社会的长治久安埋下隐患。

过去，在每次政治运动中都有一些人因为犯政治错误而被列入另册，从而背上了永久的政治包袱。在那种风云变幻的政治运动中，许多富有经验的政治家也难以判断，不知所从，基层的老百姓更是难以把握自己的命运。有些知识分子本来就是书呆子，他们对政治既不懂，也没有兴趣，只是迫于形势无奈地参与其中，在政治运动中说错话、办错事、站错队是不可避免的。对一个社会而言，人人关心政治绝不是好事，让不懂政治的人去参与政治活动没有不出乱子的。特别是一些幼稚无知的年轻人，一不明是非，二不懂法纪，三不知利害，一旦被卷入到政治运动中，往往会做出一些疯狂的无法无天的举动，就像打开了潘多拉盒子一样，谁也控制不了。

对于在政治运动中因为响应号召而参与其中，糊里糊涂犯错误的人，除了极少数为非作歹严重触犯法律者外，应当一律宽大为怀，不予追究。不能把下层被蒙蔽利用的群众作为上层政治斗争的牺牲品，更不能把他们一时鲁莽而犯下的错误作为永久的政治污点。

三国时期，曹操为了成就大业，三下"求才令"，在吸纳人才方面显现了巨大的魄力和胸怀，他的选才原则是舍弃旧怨，不计前嫌；忠于故君，崇尚仁义；起用降将，不杀雄才；体谅错误，鼓励言论；唯才是举，因才授职。正因为曹操敢用人才、善用人才，最终取得了胜利。

人难免有偶然失足的时候，聪明人有时也会犯低级的错误。有些本来很有前途的人，往往因为一时失足而铸成千古之恨。对于这种一时失足的人才，在处理时应当手下留情，尽可能留有余地，留条出路。考虑到他们成长到这一步也是不容易的，不仅本人付出了巨大的努力，而且组织上也花费了很多心血，家庭和社会也付出了很大成本。如果图一时痛快，出手太狠，不仅使本人陷入绝望之地，而且会给家庭和社会带来永久的负担。如果给他们一个改过自新的机会，或许浪子回头金不换，他们可望重新成为一个有用之才。

十九、文人何必相轻

文人相轻，这是知识分子中常见的一种陋习、一种劣根性。三国时期曹丕在《典论》中曾说："文人相轻，自古而然。"从古到今，文人之间相争、相斗、相碰撞、相纠葛的事情已是屡见不鲜了。用鲁迅的话来说："所谓文人，轻个没完。"

鲁迅对文人相轻深恶痛绝，他曾连续发表七篇杂文剖析文人相轻现象。在他看来，文人相轻大致有这样几种轻法：

一是以己所长，轻人所短；抬高自己，压低别人。这叫自高相轻术。

二是以己所短，轻人所长，自己躺在垃圾堆，然后拖着别人，不惜与人同归于尽。这叫自卑相轻术。

三是放冷枪，施暗箭，抹黑别人，把水搅浑。这叫隐名相轻术。

在我看来，文人相轻有以下原因：

有的是出于骄傲心理，自命不凡，孤芳自赏。

有的是出于门户之见，隔行如隔山，对其他门类的东西，明明不懂，又妄加评论。

有的是出于嫉妒心理，看到别人功成名就心理不平衡，产生羡慕嫉妒恨。

有的是出于面子，看到别人对自己的批评，不服气，不认输，由羞而怒，进而攻击别人。

最无耻下流的莫过于自己没学问，又不甘寂寞，为了加速成名，引人注目，便口出狂言，乱打一气，专门和名家作对，向高手叫板，以为只要自己同名人交火也就是名人了。

一般的文人无权无势，互相斗斗嘴，打打笔墨官司也并无大碍。如果一方成了权贵，或依附于权贵，文人相轻的后果就难以预料了，说不定让对方下岗失业，名誉扫地，甚至人头落地。像历史上屈原投江、韩非被害、孙子遭膑刑、苏轼一生坎坷，等等，其背后除了政治阴谋外，文人相轻也是一个不可忽视的因素。

在以政治运动为中心的年代里，在知识分子成堆的部门，文人相轻为政治斗争所利用，与斗争哲学相结合，变成了一种阶级斗争的工具和整人的武器。文人之间相互斗争，自相残杀，今天你整我，明天我整你，来回"翻烧饼"，弄得两败俱伤。文人斗文人不但毫不手软，而且更有水平，更有办法。那个年代文人相斗是上面发动和挑起的，文人也迫不得已。改革开放以后，党和政府下决心不再搞政治运动了，强调安定团结、社会和谐，应当聚精会神搞建设，一心一意谋发展。然而在一些知识分子集中的单位，有些文人依然旧习不改，争斗不断，自发地开展各种各样的运动。文人吵架成了当今媒体上的一种热点、一种景观。如果说过去是"树欲静而风不止"，那么今天可以说是"风欲静而树不止"了。

古人讲，文无第一，武无第二。武林之中，门派林立，只要一交手，便能分出高低；运动场上，强手如云，只要一比赛，便能决出输赢。而在文化艺术上，有不同门类、不同流派、不同风格、不同喜好，有时很难分出高下，也没有必要非排出名次不可。今天的中国有那么多书画家，你说哪个最好？有那么多歌唱家，你说谁是第一？

在我分管文化工作的那些年里，文人相轻是非常令人头痛的事情。每当在文化系统选拔人才、推选代表或是评奖时，因为文人之间互不服气、互相拆台而搞得不亦乐乎。有些好事因为不好办而只好作罢，有些位置因为纷争不已而只好空缺，还有些好事因为办不好而留下一堆后遗症。

当今的中国，难得有一个长期稳定的局面，难得有一个宽松自由的学术环境，难得有尊重人才的社会氛围，这正是文人们潜心发展、切磋技艺的大好时机。你越想自由就越要自律，越想得到别人尊重就越要自重自爱、尊重别人。你尊重别人并不会贬低自己，你贬低别人也不会抬高自身。文人之间应当互亲互敬，以礼相待，相学相助，取长补短，共同为中华文化的大繁荣、大发展贡献力量。"春兰秋菊各有时，同留春色在人间。"

二十、知识分子的弱点

当前,谈论知识分子的弱点似乎是一件很不合时宜的行为。然而,正因为当前知识分子受到广泛的社会尊重,处在建功立业的大好时期,因此,认识知识分子的弱点倒是很有必要的。

目前,我国受过高等教育的知识分子达到上亿人,是一个庞大的社会群体,对待这样庞大的社会群体,绝不能一概而论。这里所说的知识分子的弱点只是这个群体中较为常见的一些问题,或者说是一部分知识分子中存在的问题。

知识分子中最为常见的弱点之一,就是傲视民众的精英思想或贵族心理。有些人读了大学,或是成了名家,便自以为了不起,瞧不起普通百姓,处处以社会精英自居,显示自己与众不同、高人一等的身份。在他们心目中,一般群众都是愚昧的、落后的、无知的,自己才是聪明人。在民众面前,他们总是显示出一种优越感,摆出一副教师爷、引路人、救世主的姿态。他们不是以融入民众、与民众打成一片为荣,而是以脱离民众、高于民众为荣。

鲁迅曾经描述过那种贵族知识分子的心态。他们原本出身平民,或是接近平民,明白平民的生活,能感受到平民的苦痛,敢于痛痛快快地为平民说话,因而受到平民的欢迎。然而,一旦他们获得了荣誉和地位,便把平民忘记了,变成了一种特殊的阶层。他们以出入豪门、与阔人为伍为荣耀,追求有钱,有好房子,参加豪华宴会等高贵的生活。这时,他们不但不再同情平民,为平民说话,反而站在平民的对立面,以至于压迫平民,成了某些权贵的代言人。

知识分子的特点是读书多,有学问。有些人书越读越聪明,也有的人则是书越读越愚蠢。知识可以帮人消除偏见,也可以把人带入思维定势的陷阱。有的人结合实际,学以致用,把知识转化为智慧和能力,有的人则变成了教条主义和本本主义者。他们重书本,轻实际;重思想,轻实行。某些知识分子的思想路线常常是颠倒的:他们不是一切从实际出发,而是一切从书本出发;不是用理论去联系实际,而是用实际去联系理论,一旦发现实际生活与书本上说的不一样,他们不是首先怀疑书本,而是首先怀疑实际。他

二十、知识分子的弱点

们不是把实践作为检验理论的根本标准，而是倒过来，把理论作为检验实践的根本标准。

在大学工作期间，常常碰到这种喜欢坐而论道、纸上谈兵的人。这些人脑子里有许多新想法、新主张、新方案，但大都不具有可行性。如果领导不采纳他们的意见，他们就认为领导僵化、保守、不民主。殊不知，领导决策决不能"灵机一动，计上心来"，突发奇想，便匆忙付诸实行，而是必须深思熟虑，充分论证，虽然不能保证百分之百的成功，起码也要十拿九稳才可付诸实践。对科学实验来说，可以说失败是成功之母，而对领导者来说，绝不敢说这句话。如果领导的决策一再失败，就会失信于民，只好引咎辞职。这种坐而论道的人只说不练，似乎自己的任务就是"想"，而"干"则是别人的事。他们不干实事，不体会实际工作的艰辛。对于干实事的人总是评头论足，横挑鼻子竖挑眼，认为别人这么干不对，那么干也不好。因为自己不从事实际工作，所以不会犯错误，可以永远立于不败之地，而干事的人总是处于被批评的境地。这种风气一旦形成，弄得大家都不想干实事了。"空谈误国，实干兴邦"，这真是至理名言！

有一位颇有名气的专家，担任了一个学术单位的行政负责人。他思想活跃，想法很多，变化很快。如果搞科研，想法多是一个很大的优点，十个想法中有一个能用就不得了。而作为行政领导，不能想法太多，变化太快，如果朝令夕改，就会弄得别人无所适从。作为教师，他对学生严格要求，经常批评指正，这也是好事情，严师才能出高徒。而作为一名领导者，如果总是盯着部下的缺点，动不动就批评，那就不可能调动大家的积极性。结果，他主政几年时间，人心搞乱了，队伍搞散了，优秀人才流失了，一个原本很强的学术单位终于被搞下去了。

知识分子中最常见的问题就是不认同，喜欢争论；不满意，喜欢批评；不善团结，容易内斗；不会感恩，缺乏仁义。因为脑子里理想主义的东西太多，因而对现实总是看不惯，牢骚满腹，甚至格格不入。一些西方学者曾说过，知识分子就是"从来不对现状满意的人"，"永远与实际的社会事物相冲突"，是"一群永远的批评者和异议者"。鲁迅也曾说过，"他们对社会永不会满意的，所感受的永远是痛苦，所看到的永远是缺点。"

知识分子最崇尚独立和自由，希望不受任何外部力量的约束，只是按照自己的信仰和思考，自由自在地行事。然而，在任何一个社会、一个团体中，只讲民主不讲集中，只讲自由不讲纪律，只讲个人心情舒畅不讲统一意志，只讲个性解放不讲团队合力，那就会一盘散沙，什么事情都干不成。

近年来，在学术界又出现了少数学阀学霸式的人物。他们飞扬跋扈，唯我独尊；顺我者昌，逆我者亡。这种人不但拥有令人敬畏的学术头衔，而且担当着许多重要的社会职务，如主编、主审、评委、首席专家，等等，拥有巨大的学术权力，掌控着众多学术资源。在学术职务评定、学位授予、学术成果鉴定、重大课题评审、学术资源配置中，他们有着举足轻重的话语权和影响力，很多学者的命运都掌握在他们手中。你如果得不到他们的认可，或冒犯了他们的权威，恐怕很难有出头之日。即使其所在单位的领导得罪了他们，他们也会到处找麻烦，让你的日子很难过。还有的人凭借学术身份而步入官场，成为集学术权力和行政权力于一身的人。在官员面前，他们是学者；在学者面前，他们又是官员。这种身份使得他们成为各种管理规则都管不着的一种特殊人物。这种学阀学霸式的人物，是学术领域中一种专制的力量，是学术自由的障碍，是民主社会的阻力，也是导致学术腐败的一个重要原因。

过去在极"左"思潮影响下，对知识分子采取了许多错误的做法，如思想改造、抓右派、"拔白旗"、上山下乡、劳动改造、接受再教育等，我们再也不能重复这种愚昧的错误做法了。然而，新时期的知识分子政策绝不是"尊重知识，尊重人才"这八个字全能概括得了的。一个完善的知识分子政策，应当既充分发挥知识分子的优点和长处，充分调动他们创新创业的积极性和主动性，又有利于提醒他们克服自身的弱点，引导他们正确处理德与才、知识分子与工农群众、理论与实践等相互关系。

二十一、聪明莫被聪明误

那些文人名士较之常人的优势，就是知识更多，名气更大，更加聪明，然而他们最常见的错误就是过分卖弄聪明，以至于聪明反被聪明误。

三国时期的杨修是一个聪明反被聪明误的代表人物。杨修本是一位聪明绝顶、才思敏捷的知识精英，世人曾评价他"笔下龙蛇走，胸中锦绣成，开谈惊四座，捷对冠群英"。他一度曾深受曹操赏识，被聘为曹操的高级幕僚。然而，杨修的毛病就是轻狂自大，好为人师，多管闲事，胡乱插手，总爱拿自己的聪明作秀。戏弄别人也便罢了，他却不识时务地拿曹操开涮，屡坏曹操的好事。后来，曹操借口"鸡肋事件"，以惑乱军心的罪名将他诛杀。古人在评说杨修时说："身死因才误，非关欲退兵。"

苏轼是中国历史上一位不可多得的旷世奇才，诗、词、文、赋、书、画样样精通，在北宋冠绝群伦，也堪称是中国文化艺术史上罕见的一位天才。他的著名诗句如"横看成岭侧成峰,远近高低各不同";"大江东去,浪淘尽,千古风流人物";"人有悲欢离合,月有阴晴圆缺";"但愿人长久,千里共婵娟"……可谓千古绝唱。苏轼于21岁考中进士,进入官场,人格官品也属一流,然而他一生历尽坎坷,四处颠簸,始终怀才不遇,得不到重用。苏轼的弟弟苏辙在评论苏轼时说:我哥错在出名,错在高调!

要知道,聪明不等于智慧,更不意味着成功。重要的是如何将聪明转化为智慧,转化为经世致用的现实能力。

聪明人如何对待不如自己聪明的人呢?最常见的现象就是"一阔脸就变",一旦成名便翘起了尾巴,恃才傲物,以一种居高临下、自命不凡的心态藐视周围一切人。其实,真正的聪明人不是首先发现人不如我的地方,而是首先发现我不如人的地方;不是总盯着别人的缺点,而是善于发现别人的长处。凡是把别人都当成傻瓜的人,最终证明自己才是傻瓜。人与人之间在聪明程度上有差异,在学问上有高低,但在人格层面上都是平等的。你要想得到别人的尊重,那就应当懂得尊重别人。名人并没有只受他人尊重而不尊重他人的特权,而凡人也没有只尊重名人而不受名人尊重的义务。你纵然有天大的本事，而一旦失去群众，就失去了舞台，失去了市场，等于自我孤立，自我埋没。

如何将自己的聪明转化为人生的智慧呢？

老子无疑是中国历史上的第一智者，据传孔子两次拜见老子都自叹弗如，对老子赞叹不已。老子认为，真正的智者应当大巧若拙、大智若愚、大勇若怯、大辩若讷，千万不要像老虎过街一样，张牙舞爪，过分张扬。

无独有偶，西方那些伟大的思想家们也在提醒名人"要懂得隐藏自己"，"隐藏自己的精明才是最大的精明"。正如马基雅维里在《处世书》中所说："虽然聪明睿智，自己却能保持愚拙的样子；虽然功高盖世，自己却能保持胆怯的心态；虽然拥有天下的财富，自己却能保持廉洁。"

世界上非常聪明而一无所成的人随处可见，卖弄聪明而让人讨厌的也不乏其人。一个人能不能成功，不在于他有多么聪明，而在于把自己的聪明用对了地方，用得恰到好处。

现在社会上出现了某些专门卖弄聪明的"名人秀"。

有的人从学术专家变成了江湖术士，他们为了吸引公众的眼球，很会抓住热点，迎合大众，到处议论时事，评论朝政，乱开药方，贩卖狗皮膏药。他们的聪明不是用在服务和建设上，而是专门找岔，和人对着干，他们不是用学问来经世致用，而是为了捞钱。

有的人从文化名人变成了娱乐明星。他们不管什么场合，不管懂与不懂，到处抛头露面，卖弄知识，炫耀文才，曲解经典，牵强附会，谬种流传，害人不浅。

有的人从文人变成了文痞，信口开河，胡说八道，不干正事，专凑热闹，颇有一种"我是流氓我怕谁"的泼皮无赖作风，大大败坏了文人雅士的儒雅风范。

更可笑的是那种"万能专家"，他们原本是靠发明创造而出名的，后来学问不行了，摇身一变成了一种捍卫科学的斗士，干不成事就专门去挑事。他们虽然挂着专家的牌子，却热衷于谈论自己专业以外的事情，难怪人们讽刺这种人是"除了本专业不懂，其他专业全懂"。

二十二、有话好好说

俗话说：良药苦口利于病，忠言逆耳利于行。但如果良药做得不那么苦口，能够为更多人服用，岂不是扩大了治病救人的范围吗？如果忠言说得不那么逆耳，容易被人听进去，岂不是更能发挥良好的效果吗？

孔子有句名言，叫"忠告而善道之"。就是说在规劝朋友时，即便是真心实意、一片忠言，也要注意方式，把握分寸，这是做人处世的智慧。葛拉西安在《智慧书》中说道："思如精英，口随大众。"一个人的真知灼见应当通过优雅而深沉的方式加以表达，不要被别人认为是一个出言不逊、胡言乱语的人，更不要以生硬和刻薄的话语故意刺激别人，否则，不但不能矫正别人的错误，反而弄得自己四面树敌、危机四伏。

在现代人际传播网络中，有一些颇有影响力的意见领袖。他们利用自己的才能和智慧，经常为他人提供信息、见解、评论和建议。他们上连媒体，下连公众，通过释放影响力来引导舆论，既能影响到民众的态度和行为，也能影响到公共政策的制定和调整。

在中国改革开放的进程中，吴敬琏、厉以宁无疑是最具影响力的意见领袖，他们是中国市场经济的先知先觉者。早在上世纪90年代初，吴敬琏就提出中国的经济改革应当坚持市场取向，目标是建立社会主义市场经济体制，被人称作"吴市场"。厉以宁早在上世纪80年代初就开始宣传股份制，认为股份制是中国所有制改革的目标，被人称作"厉股份"。当时，他们的主张被看做是动摇社会主义的"异端邪说"和"洪水猛兽"，招致众多非议。后来，他们的主张才为党和政府所采纳，转化为治国理政的方案。像吴敬琏、厉以宁这样的意见领袖，是中国社会不可多得的精神财富。

近年来，一些草根型的意见领袖成为网络媒体上的红人。他们没有显赫的身份和耀眼的光环，只是一些普通小人物。他们不大关注重大政治问题和社会热点的讨论，而把目光聚焦到民众的日常生活，反映网民心理，注重展现自我，追求百姓认同。他们以一种自由随意、轻松娱乐的心态评论世事，发表意见，不追求高深的理论色彩和思想含量，而是注重及时性、趣味性和实用性。这些草根意见领袖在某些青少年群体和基层民众中具有较大的影响力。

在舆论场上，有一些脾气很大的情绪型意见领袖，他们牢骚太盛，火气很旺，言词激烈，颇有一种"语不惊人死不休"的架势。他们不是抱着一种与人为善的态度，有理慢慢说，有话好好讲，而是喜欢抬杠、吵架和唱反调，专门挑刺，钻牛角尖。他们不是立足于建设，着眼于息事宁人，促进社会和谐，而是火上浇油，激化矛盾，鼓励了对立和不合作的情绪，助长了偏激的心理。那种凡事总爱唱反调的人，或许自己认为是有独到见解，敢说真话，但在别人眼里，往往被认为是一个狂妄自大、固执己见的人，即使他们的意见中有一些合理的成分，也被他们激烈的言词淹没了。不管他们是不是出于好心，是不是真有道理，但这种咄咄逼人的态度就使人难以接受。

当今社会，有太多的浮躁，有太多的迷茫，有太多的混乱，有太多的扭曲，尤其需要一些有头脑、有智慧又有高度社会责任感的意见领袖为人们解疑释惑，指点迷津，扶正祛邪，以正视听。那些受人尊崇的意见领袖应当是这样的：

他们应当成为国家的思想库和智囊团，积极出谋划策。善于把自己的智慧转化为政府的良策，为经济社会的发展提供更多优化的方案，以造福社会，造福民众。

他们应当善于引导舆论，发出理性声音，为人们观察事物提供一个合适的角度、清晰的思路以及正确的价值标准。

他们应当保持学者应有的清高，坚持独立思考，不依附于权贵，不屈从于世俗，用自己的真知灼见去赢得人们的信赖。

二十三、做人的原则

在中国，做人是一门大学问，是贯穿人生的一大主题，也是对人进行道德评价的一个根本尺度。如果一个人不会做人，不忠不孝，不仁不义，势必成为国人不耻的败类。

在西方世界中或许很难理解什么叫"做人"。人本来就是人，你做不做反正都是人。还有"丢人"、"不是人"等概念更让人费解。人明明就在那里，怎么叫"丢人"呢？一个人不是人又能是什么呢？

做人，这是中国文化中最重要的伦理道德观念，反映了一个人为人处世、待人接物的态度、原则、智慧和品格，它在形成中华民族的文明风尚、维系社会的良好秩序中发挥了重要作用。

在中国人心目中，一个优秀的领导者，应当既会做官，又会做事，更会做人，其中做人是第一位的，做人决定做官，做官就是做人。当然，好人未必能成为好官，但好官必须是个好人。在官场上，难免要说一些违心的话，做一些违心的事，但不能突破做人的道德底线，如果为了一官半职而背弃做人的原则，人们就会从内心里鄙视他。

在两千多年前，孔子提出了"人伦"的概念。他列出了十种基本的社会角色和五对基本的人际关系，提出了每种社会角色应尽的道德责任以及处理相互关系的道德规范，这被后人称之为"五伦"。在孔子看来，人与动物的区别就是人有伦理道德而动物没有。人伦睦则天道顺，人伦失常则道德沦丧、社会失和。

"五伦"是这样依次展开的：

首先是夫妻，由夫妻组成家庭，这是人伦之始。有了夫妻就会生儿育女，随之产生了父子（母子）关系。养育的子女多了，就有了兄弟姐妹，产生了长幼关系。一旦孩子长大了，步入社会，就产生了君臣关系、上下关系。而人生中最广大的人际关系就是朋友关系，四海之内皆朋友。夫妻、父子、兄弟、君臣、朋友，这五对关系就是"五伦"。

人是社会关系的总和。孔子列举的这五种人际关系，大体包括了最基本的人际关系。在这五种人际关系中，都有相对应的道德规范，如夫妻有别、父子有亲、长幼有序、君臣有义、朋友有信。在现实生活中，每一个人都不是单一的社会角色，而是多种社会角色的集合体，必须履行多重道德责任。你既要懂得如何做官，也要懂得如何做父亲、做儿子、做朋友等等。处理每一种关系都应各循其道，各按其规。你不能把处理父子关系的原则套用到上下关系中去，也不能把处理上下关系的原则套用到家庭关系中去。人生天地间，做人自当尽人道。当一个人全面履行了自己的道德责任时，就被人们认为"会做人"。如果违背了自己的道德责任，就被人们认为"不会做人"，自己也觉得"丢人"。如果一个人和道德规范背道而驰，故意对着干，就会被人们指责为"不是人"，是衣冠禽兽。

中国文化传统与西方国家有很大的不同。西方文化主张人人生而平等、生而自由，而中国传统文化则主张区分老少长幼、上下尊卑，应各行其道、各尽其责。美国人习惯称呼对方的名字，下级对上级、儿子对父亲、学生对老师都可以直呼其名，甚至父亲和儿子同用一个名字，如罗斯福家族、布什家族、洛克菲勒家族等都是父子同名。而在中国则要讲身份、讲辈分，如果学生对老师、儿子对父亲直呼其名，则被认为是不懂礼貌，大不恭敬。中西文化上的不同特点、不同传统是历史形成的，已经成为一种习惯、习俗、

风尚。<u>传统就是传统，不能简单用先进和落后加以区别。特点就是特点，也不能简单用优点和缺点加以评判。</u>

在数千年的历史中，中国人确立了为人处世的一些基本准则。

远在春秋时期，齐国上卿（即宰相）管仲就提出："礼义廉耻，国之四维；四维不张，国乃灭亡。"毛泽东在新中国成立之初也曾讲过："治国就是治吏。礼义廉耻，国之四维，四维不张，国将不国。如果臣下一个个都寡廉鲜耻，贪污无度，胡作非为，而国家还没有办法治理他们，那么一定天下大乱，老百姓一定要当李自成。"

两千多年来，众多思想家、理论家对社会的道德原则不断总结、归纳、提炼、加工，使这些道德原则更加言简意赅，易于记忆，便于实行。有人把它概括为"五常"，即仁、义、礼、智、信。有人把它概括为"八德"，即孝、悌、忠、信、礼、义、廉、耻。有人把它概括为"四端"，端就是道德的起点，做人的前提。这"四端"就是恻隐之心、羞恶之心、辞让之心、是非之心，意思是做人首先要讲仁爱、知羞耻、懂礼貌、明是非。这些概括大同小异，不外乎就是忠、孝、仁、义、礼、智、信这几个字。

上面这些道德原则，可以说是行使千年的中国公民道德建设纲要。这些原则，群众公认，世代流传，深入人心，长行不衰，成为中华文明的一个标识，成为中华民族延绵不绝、生生不息的精神血脉。时至今日，在世界各地的华人社会里，在受中华文化影响较深的周边国家里，这些道德原则依然在流行，依然在社会生活中发挥重要的影响力。

做人的道理说起来很复杂，其实做起来很简单，就是从修身开始，由关爱亲人到仁爱百姓，再到珍惜万物，使自己成为一个受人欢迎的人，成为一个对社会有用的人。

过去在极"左"思潮下犯的一个愚蠢错误，就是和传统文化对着干，把中华民族数千年积淀下来的做人的道德原则当做"四旧"（即旧思想、旧文化、旧风俗、旧习惯），统统作为文化糟粕，扫进垃圾堆。把"以阶级斗争为纲"奉为最高信条，把阶级斗争从社会引入家庭，引入一切领域，造成无数家庭夫妻决裂、父子反目、兄弟成仇，维系社会秩序的一切道德底线都不复存在了。这是史无前例的一场精神浩劫，它所造成的道德沦落和社会失范绝不是短时间能够修复的。

在中国传统道德中确实存在着一些封建糟粕，如皇权至上、愚忠愚孝、三从四德、家长制等等，应当抛弃。但不能用今天的标准去衡量古人，更不能把今天发生的问题归罪到古人头上，动不动就找古人算账。你怎么能要求两千多年前孔夫子说的话句句是真理，处处切合今天的需要呢？

我一生的工作经历有三分之二是从事学校教育，主要面对学生开展德育、思想政治教育。在全世界所有国家中，我国可能是对学生进行德育、思想品德教育、政治理论教育用时最久、开设课程最多、投入也最大的国家，然而取得的效果并不尽如人意，可以说是事倍功半，投入和产出很不成比例。反思起来，我们在学生思想品德教育中一个很大的缺失，就是忽视了中华优秀传统文化的教育，忽视了做人的教育，忽视了现代社会中文明交往方式的教育。今天，我们在世界各地创办了几百所孔子学院，而国内的学生和干部却不读孔子、老子，不了解《论语》《道德经》，这岂不是很荒唐的事吗？我们对学生灌输了一大堆关于政治观、世界观、人生观、价值观等方面的大道理，但学生却不懂得人际交往的基本规则，不知道如何对待父母、对待师长、对待领导、对待朋友，一旦走入社会，到处碰钉子，不断"交学费"。

二十三、做人的原则

30多年来,我们在精神文明建设上花了不少力气,进行了很多尝试。如在上世纪80年代初,我们在学校和社会中普遍开展"五爱"教育,即爱祖国、爱人民、爱劳动、爱科学、爱社会主义,这"五爱"还被写入1982年的《中华人民共和国宪法》中。

到1983年,我国从上到下都建立了"五讲四美三热爱委员会",在城乡广泛开展"五讲四美三热爱"活动。所谓"五讲四美三热爱"就是讲文明、讲礼貌、讲卫生、讲秩序、讲道德;语言美、心灵美、行为美、环境美;热爱祖国、热爱社会主义、热爱共产党。

2001年,中共中央又颁发了《公民道德建设实施纲要》,提出了"爱国守法,明礼诚信,团结友善,勤俭自强,敬业奉献"的20字方针,作为公民基本道德规范。

2006年,在全国开展了以"八荣八耻"为基本内容的社会主义荣辱观教育。此后不久,中共十六届六中全会提出开展社会主义核心价值观教育。2012年党的十八大把社会主义核心价值观概括为"三个倡导",即倡导富强、民主、文明、和谐,倡导自由、平等、公正、法治,倡导爱国、敬业、诚信、友善。

一个社会倡导的道德原则,应当简洁明了,让人记得住，推得开，用得上，只有持之以恒，才能深入人心，收到实效，不能花样翻新，变来变去。

中华民族的优秀传统文化，不只是博物馆里供人参观的展品，不只是舞台上供人欣赏的技艺，也不只是讲坛上供学者解读的古典，更重要的是在国民生活中天天发挥影响的精神原则。上面讲到的在中国行使千年的做人的道德原则已经渗透到社会生活的方方面面，不仅在大陆民众中形成广泛共识，而且在港澳台以及海外华人中得到普遍认同，可以说是炎黄子孙共有的核心理念，是中国实行和平统一的文化纽带。我们与其不断变换说法，不如把这些广大民众耳熟能详又行之有效的传统理念加以优选，赋予时代的内涵，重新恢复和确立起来。借助优秀传统文化推进精神文明建设，构建今天的和谐社会，这不是最简单易行、又事半功倍的古为今用吗？不要总以为，今天提出的观念、口号才是最先进的东西，而古人提倡的观念都是陈旧过时的。像忠、孝、仁、义、礼、智、信这些观念并没有过时，对今天的精神文明只有好处，没有妨害。

新加坡是世界上少有的一个讲文明守秩序的国家，他们道德建设的基本经验，就是把以法治国与以德治国相结合,其中德治是基础;道德教育则以儒家思想为基础,将传统的"八德"即"忠孝仁爱礼义廉耻"赋予现代的含义。首先,由国会通过《共同价值白皮书》,将"国家至上,社会为先;家庭为根,社会为本;关怀辅助,同舟共济;求同存异,协商共识;种族和谐,勇敢宽容"作为国民共同价值观的基础。进而由政府颁布思想道德教育的大纲,然后,从小学到大学循序渐进地开展教育。低年级侧重行为规范,高年级注重培养社会责任感。既进行系统的道德理论教育,又广泛开展道德实践活动,由政府、社区、学校、家庭四方面组成严密的教育网络,几十年如一日地坚持下去。他们把传统文化与现代文明结合起来的做法值得我们借鉴。

二十四、保持善良天性

善与恶,这是检验道德的一个分水岭,也是观察人的一条底线。究竟人性善还是人性恶,哲学家们争论了上千年。不管人之初是性本善,还是性本恶,就后天而言,就现实来说,人确有善恶之分。

中国佛家有十六字箴言:"诸恶莫作,诸善奉行,自净其意,是诸佛教。"善是佛家的核心,佛教一直劝诫众生要积德行善、广结善缘。

儒家思想的核心是"仁"。仁就是爱,仁者爱人,仁爱为本。

道家有三宝:"一曰慈,二曰俭,三曰不敢为天下先。"意谓慈爱、节俭和谦让是人生最宝贵的品德。

中国共产党的宗旨是全心全意为人民服务,要求共产党员一辈子做好事,不做坏事。

从儒家、道家、佛家到中国共产党,在道德上贯穿着一个共同的理念,这就是除恶扬善。

选择领导干部有很多条条杠杠,但切忌华而不实，搞了很多花样，却忽视了最基础、最本质的东西。考察干部的第一道关口，就是分清是善人还是恶人，是好人还是坏人，是君子还是小人。在这个基础上，再去全面考量德、能、勤、绩、劳。如果是个恶人、坏人、小人，本事再大也不能重用。司马光在《资治通鉴》中多次谈论这个问题，他认为如果小人得志，恶人当道，就会利用国家的钱财去结党营私，对上欺蒙君王，对下残害百姓，祸患无穷。

领导干部拥有权力地位，掌控着社会资源，可以做一般人做不了的事情，不仅影响着社会的走向，而且在很大程度上决定着别人的命运。如果把权力与善相结合，可以为群众做很多好事善事，是人民之福；反过来，如果把恶与权力相结合，可以为非作歹，无恶不作，是人民之祸。

过去，在连绵不断的政治运动中，号召人们去进行大揭发、大批判，专门揭露人和社会中最黑暗、最隐私、最丑陋的东西，不是在扬善，而是在扬恶。一旦某个人被认为是"敌人"，就残酷斗争，无情打击，必欲置之死地而后快。在这种恶劣政治环境的长期浸染下，一些人的人性扭曲了，甚至变成了恶人。

在人生的经历中，不少人都曾遇到过这种恶人。

他们不是把人往好处想，而是把人往坏处想，不希望别人过得好，总希望别人出事。他们政治嗅觉极为敏感，特别善于发现别人的问题。一旦发现别人的政治思想"新动向"，便开始联想，进行深挖细找，上纲上线。一旦被搭上阶级斗争、路线斗争的线，所有的人品、人格、道德等因素统统忽略不计，"立场错了，一切全错"。有的人有一个小本子，专门收集别人说过的错话、办过的错事，整黑材料，罗织各种罪名。当别人有好事来临时，如提职提干、评奖升级，他们就会揭老底、揪辫子、算旧账。每当清理清查、批判整人的政治运动到来时，他们便以为春天来了，变得异常活跃。似乎搞出别人的问题越多，整得越狠，牵连面越广，证明他们觉悟越高，成绩越大。这种以整人为乐趣的畸形心态，不知是人性恶的本性流露，还是政治运动养成的思维定势。

即使在那种冷酷无情的政治运动时期，一些领导干部依然表现出的善良天性和与人为善的品格，让人由衷敬佩。他们中有的人经历过新中国成立前地下斗争的生死考验，有的人长期在政治运动的风口浪尖上工作，经历过多次惊心动魄的斗争。他们目睹过不少人在政治漩涡中起落沉浮，甚至自己也难逃厄运。然而，他们依然不失善良的品格，在与人相处中，始终奉行"君子成人之美，不成人之恶"的原则。在部下因为说错话、办错事而遇到麻烦时，他们总是手下留情，不嫌不弃，设法给人以改过自新的机会。在同事受到无端猜疑、身处逆境时，他们敢于仗义执言、秉持公道，甚至不惜冒个人风险而出手相救。他们的地位、影响和与人为善的品格相结合，不知使多少人免遭厄运，转危为安，重获新生。这种能为部下提供高度安全感的领导者无疑是最可靠的领导者。

在这个世界上，有君子就有小人，有善人就有恶人。我们不可能让小人和恶人绝迹，但对他们必须高度警惕，严加提防，决不能放纵他们，尤其不能让小人得志，让恶人得到重用。

在历史上曾经多次发生酷吏当道的现象，如汉代有侯封、宁成、义纵等十大酷吏，唐代有周兴、来俊臣、索元礼等酷吏。这种酷吏敢于打黑除恶，专门与豪强权贵作对，同时又凶狠残暴，实行严刑峻法，用残酷手段整治社会失范问题。这些酷吏一方面惩治了贪官污吏、恶霸豪强，强化了统治秩序和社会治安，因而在一段时间内得到不少人的赞许；另一方面，他们又严重践踏法纪、伤害无辜，造成冤狱丛生、人人自危，整个社会处于白色恐怖之中。这种靠残酷手段取得的政绩，如同饮鸩止渴，不可能换来社会的长治久安。司马迁在评论这种酷吏现象时说，国家的兴盛、百姓的安宁，在于君王的厚德，而不在法律的严酷。

"善有善报，恶有恶报"，这不是宗教迷信，而是合乎逻辑的结果。你乐于助人，别人也会乐于助你。你善待别人，别人也会善待于你。当然，领导干部做好事做善事，并不是为了求得回报，而是在践行执政为民的宗旨，履行人民公仆的责职。

二十五、认识自己最难

在古希腊的神庙上镌刻着一句醒世箴言:"认识你自己!"古希腊人把这句话奉为"神谕",视作人类最高智慧的象征。德国哲学家卡西尔把"认识自我"作为哲学探索的最高命题。千百年来,无数先哲围绕着这一命题不断进行思考和论述。

"人贵有自知之明",这是一句至理名言。世界上有自知之明的人太少了,因而具有这种品格的人非常可贵。中国先秦时期的思想家韩非子说:"故知之难,不在见人,而在自见。"他认为"自见之谓明,自胜之谓强",即能够认识自己的人是最明智的人,能够战胜自己的人是最强大的人。德国著名哲学家尼采有一句名言:"人距离自己最远。"他说:"我们无可避免地跟自己保持陌生,我们不明白自己,我们搞不清自己,我们的永恒判词是:离每个人最远的,就是他自己。"总之,人们最看不清、最说不准的东西就是自己。"认识自己",这是人生最重要的课题,也是永远不会完成的课题。

所谓自知之明,就是要清醒地认识自己,客观地评价自己,正确地调控自己。为人处世,首先要知道自己是个什么样的人,有什么优点和缺点,有什么特长和潜能,懂得自己适合干什么,不适合干什么,对自己扮演的社会角色有一个明确的定位。梁漱溟在《这个世界会好吗》一书中认为,人类的悲惨在于受制于自己。他说:"深深地进入并了解自己,而对自己有办法,才能避免和超出不智与下等,这是最深奥的学问,最高明、最伟大的能力或本领。"

社会上自视过高的人很多,而自视过低的人很少。越是有地位、有学问、有名气的人,自我评价的误差越大。他们在认识自我时,往往只知道自己知道什么,却不知道自己不知道什么;只了解自己的长处和优势,却不了解自己的缺点和劣势;只记得自己的功劳,却忘记了自己的过错;只想着自己有恩于人的地方,却忽略了自己有愧于人的地方。在评价自己与他人时,往往过高地估计自己的学问、才能、品德和成就,而过低地估计他人的学问、才能、品德和成就,许多矛盾和冲突都由此而来。

中国是一个封建专制和个人迷信影响久远,而民主意识比较缺乏的国家，一个人一旦占据高位，权力失去了约束，很容易自我膨胀起来，从而失去自我认识、自我反省、自我调控的能力。我们不时会看到某些显赫一时的人物，由于自我膨胀一步步地走向自我毁灭。他们演变的过程大致这样：第一步，抬高自己，贬低别人，设法凌驾在众人之上，把自己打扮成一个一贯正确的领袖、创造奇迹的英雄；第二步，经营自己的小圈子，把自己掌管的地方变成一个独立王国，顺我者昌，逆我者亡，成为一个称王称霸的"土皇帝"；第三步，搞个人崇拜，把自己神圣化、偶像化。个人专制与个人崇拜是一对孪生兄弟，凡是搞个人专制的地方无一例外都会搞个人崇拜，离开个人崇拜，专制就难以维持下去。一旦他们的黑幕被揭开，所谓英雄神话也便迅速破灭了。

　　人不是自己认为的那样，而是别人认为的那样。一个人需要借助别人的评价来实现自我认识。如果你是一个普通人，平时总能听到别人对自己的不同评价，有表扬也有批评，有肯定也有否定，这些不同声音有助于自己从多角度审视自我，防止片面性。如果你是一个地位显赫的人，那就很难听到周围人对你的真实评价，人们或出于敬畏，或为了讨好，讲的都是赞美的话、奉承的话、歌功颂德的话。开始，你可能还不大习惯，保持某种警惕，久而久之，也就习以为常，甚至信以为真了，以为自己真的那么美好，真的那么英明、伟大。一个人即使再理智，如果整天被歌功颂德的声音包围着，头脑也会膨胀起来。

　　一个人的自知之明与知人之明是紧密相关的，一个缺乏自知之明的人不可能有知人之明。只有承认自己无知，才会求教于人；只有看到自己的不足，才能欣赏别人的长处，激发起自己的上进心；只有认识到自己的错误，才能改过自新，让自己更加完美。如果一个人自我感觉太好，就会看不到别人的好处。把自己放得太高，就会把别人看低了。认为自己什么都能干，把别人的事都干了，就会弄得别人没事干。那种认为自己什么都行，别人什么都不行的人，最终会证明自己不行。一个明智的人，应当自知而不自见，自爱而不自贵。

二十六、学会学习

"士别三日，当刮目相看"，这个典故讲的是三国时期东吴大将吕蒙立志求学的故事。吕蒙原本是一介武夫，因为没有文化闹出不少笑话。在孙权的劝导下，他发愤读书，终日不倦，后来成为一名学识广博、文武双全、屡建奇功的军事统帅。新中国成立之初，毛泽东曾用吕蒙的故事激励干部读书，他说：军队的高级干部多是行伍出身，缺少文化，不可不读《三国志》中的"吕蒙传"。

当前，终身学习理念已成为国际社会的共识。国际 21 世纪教育委员会在报告中指出："终身学习是 21 世纪人的通行证。"所谓终身学习是指"学会学习，学会做事，学会生存，学会共处"，这是 21 世纪教育的四大支柱，也是每个人成才成功的根本途径。学校教育的目的不仅在于帮助学生"学会"，更重要的是引导学生"会学"，形成终身学习的能力。当今时代是知识爆炸的时代，只有持续学习，才能不断增长新知，增强才干，提高自己的适应力和竞争力。选择学习，就是选择成功；放弃学习，就是选择被淘汰。

林语堂说：读书可以开茅塞，除鄙见，得新知，增学问，广识见，养性灵。一个不读书，不学习的人，必然目光短浅，思想僵化，盲目自满，固步自封，言之无物，空话连篇。

有两种不同类型的干部：一种是整天陷于具体事务，很少学习思考，成为忙忙碌碌的事物主义者和狭隘的经验主义者。经验固然有用，但如果不去总结思考，经验永远是经验，不可能上升为智慧和能力，其结果，必然是年复一年地重复劳动，在原有水平上徘徊不前。另一种干部，既勤于工作，又善于学习思考，工作水平提升很快，过一段时间迈上一个新台阶。两个在同一原点起步的人，几年下来，在思想水平、领导能力上会形成巨大落差。当前者抱怨"辛辛苦苦却得不到领导赏识"时，不妨反思一下自身，是否因为疏于学习而影响了上进的步伐。可以说，领导者的水平取决于自我学习的水平，领导者的前途取决于自我发展的能力。

我们经常听一些人说工作太忙，没有时间读书，其实这只是一种借口。一个人真想读书，总能找到时间。读书与其说是时间问题，不如说是一种兴趣爱好、一种生活方式、一种精神追求。

工作和学习是很难截然分开的，工作是学习，学习也是工作，不会学习的人也不会工作。如果你能把工作和学习结合起来，那么，你随时随地都在学习，都在提高。

读书的时间是怎么挤出来的呢？

第一，经过一天的忙碌之后，睡觉之前，你不妨用半个小时的时间，静下心来翻翻书，或是把一天的活动、见闻梳理一下，总会形成一些零散的想法和心得，日积月累就会见到成效。

第二，平时工作日程再紧张，每周至少要抽出半天时间，排除一切杂务和应酬，雷打不动，专心读书，研读文件，阅读一些有价值的报刊资料，冷静地思考一些问题。好记性比不上烂笔头，有用的信息、资料、观点、见解要随时记录下来。这既是一种有益的身心调节，又是一种必要的思想充电。

第三，现在各种会议泛滥成灾，领导干部不得不把大量宝贵时间耗费在空洞无效的会议中。对待那种与己无关又非常无聊的会议，你无法采取分身术，但却可以采取"分心术"，一方面正襟危坐，貌似认真听会；另一方面，思想可以"开小差"，思考问题，翻阅笔记，整理思路。一个冗长的会议开下来，说不定会有许多意外的思想成果。

读书有两种基本方法：一种方法如同饭后散步，找一些当下流行的书籍资料，随便翻翻，快速浏览，只要略知一二，记住片言只语也就可以了；另一种方法，就是精选出若干本经典名著作为案头书、枕边书，这些书籍应是举世公认的智慧书、处世书、人生教科书，对这些书籍应当精读细思，融会贯通，做到"读书百遍，其义自见"。

学而不思则罔，思而不学则殆。读书切忌读死书、死读书。要把书读活，最重要的是把学与思结合起来，能够在别人思想的启迪下形成自己的思想。会读书的人不是钻到书里读，而是站在书上读，能进得去，更能出得来，否则便如老话所说"尽信书不如不读书"。有的人读了一大堆书，肚子里像个杂货铺，读来读去把自己读丢了，只知道书上怎么说，不知道自己怎么想，像卢梭说的那样："读书读得太多，反而会造成一些自以为是的无知之徒。"

李瑞环讲自己的读书体会是：一要勤学；二要多思善思；三要学会联系，联系实际，联系工作，联系生活，联系常见的和熟知的事例去理解书中的内容。要硬着头皮坚持，咬紧牙关坚持，只要有"衣带渐宽终不悔"的精神，终将会迎来"蓦然回首"的新局面。

领导干部读书不同于学者搞学问，不可能博览群书，应当本着少而精的原则，有的放矢，联系实际，学以致用，用以促学，既要温故知新，又要学新知新，真正做到学有所思、思有所得、得而有行、行而有成。

二十七、交友之道

朋友是人生中最宝贵的财富，是精神世界中最灿烂的阳光，是当你被众人抛弃面临绝境时唯一可以指望的救星。

人的一生中总有不测风云、旦夕祸福。当你生活窘迫时，能够慷慨解囊、雪中送炭的必是朋友。当你精神烦恼时，为你排解忧愁、带来心灵慰藉的也必是朋友。当你政治上处于险境时，能仗义执言或暗中相助，帮你渡过难关的只有朋友。

回顾自己人生的历程，我最感欣慰的是结交了一批智友和诚友，自己的成功与荣誉、健康与快乐，无不凝结着朋友们的智慧和爱心。正如爱因斯坦所说："世间最美好的东西，莫过于有几个有头脑和心地都很正直的朋友。"

生活的经验告诉我们：没有朋友的人不是小人就是怪人；没有朋友的人比没有敌人的人还可怕；经常换朋友的人大抵不是什么好人。

二十七、交友之道

孔子是一位非常讲情义、重朋友的人。他把远方朋友的来访视作人生最快乐的事情。他每天都要再三反思自己是否对朋友恪守诚信。对于如何选择朋友，孔子提出了"益者三友，损者三友"的忠告。他认为，应当结交三种对人生有益的朋友，即"友直、友谅、友多闻"，用今天的话来说，就是应当结交诚实正直的人、心胸宽广的人、广见博识的人。另外有三种人对人生有害，是不能结交的，即"友便辟、友善柔、友便佞"，用今天的话来讲，就是不能结交溜须拍马的人、耍两面派的人、花言巧语只会耍嘴皮子的人。

在人生中有四种朋友是不可或缺的。

第一类朋友是智友、贤友。所有的先哲们都在提醒我们，交友一定要交比自己更聪明、更高尚的人，千万不要同愚蠢的人交朋友。一位智者说过：你是谁并不重要，重要的是你和谁在一起。和聪明的人在一起，你就变得聪明；和优秀的人在一起，你就变得优秀。人生成功的秘诀，就是学最好的人、做最好的自己。

那些智者、贤者，知识渊博，品位高雅，见多识广，世事洞明，他们总能站在时代的潮头，不断为你开拓视野，端正思路，指明方向。而一群愚蠢的人混在一起，只会犯一些低级的错误，带来连锁性的倒霉。如果你与强于自己的人在一起，就会发现自己的不足，激发起见贤思齐的上进心，不断鞭策自己进步。如果你与比自己差的人在一起，虽然满足了自己的虚荣心和优越感，却只会使自己满足现状，不思进取。葛拉西安在《智慧书》中生动地描绘了与智者为伍的种种乐趣，他说："智者只要开口讲话，必然是妙趣横生的智慧之语。一旦行动起来，也一定充满了温文尔雅的风度。他们的言行举止，总是能用得适得其时。用幽默的话语说出来的忠告，比严肃的教导训诫要好得多。对于有些人来说，灵活实用的知识比儒雅的七艺更有效果"。

第二类朋友是道义之交、患难之友。

人生世间，不如意事十有八九，可与人言百无二三，真正的道义之交、患难之友是非常难得的。官场之上势利为重，商海之中人性淡薄，所谓的朋友多是逢场作戏而已。当你顺风顺水、不需要朋友时，或许身边有很多朋友；当你逆风逆水、真正需要朋友时，或许原来的朋友都不见踪影了。人只有在遭遇贫困、处于逆境时，才能知道朋友的真伪。当你在厄运的深渊中苦苦挣扎、众人冷眼相对时，哪怕有人说句安慰的话或施以微薄的援助，也会令你感激不尽，甚至终身难忘。真正的朋友，不是在你成功时为你锦上添花的人，而是在你落难时为你雪中送炭的人；不是在你得意时有请必到的人，而是在你失意时不请自来的人。

第三类朋友是忘年之交。

与不一样的人在一起，你会有不一样的人生。

年轻人最好结识几个年长的朋友，而年长者最好多和年轻人接触。年轻人思想解放，年长者思想成熟；年轻人敢想敢干，年长者处事稳健；年轻人追求新知，年长者富有智慧；年轻人憧憬未来，年长者熟悉历史。彼此之间有很强的互补性，如果二者结成忘年之交，对双方都大有裨益。

第四类朋友是随叫随到的朋友。

"亲戚越走越亲，朋友越交越近。"朋友只有在不断地交往互动中才能实现朋友的价值。那种"海内存知己，天涯若比邻"的朋友固然可贵，但远在天涯海角的朋友毕竟很难来往，即使身边的朋友，如果屡屡爽约也会令人大煞风景。在当今快节奏的生活中，如果能有几个随叫随到的朋友，大家情趣相投，各抒己见，无拘无束，亲密无间，无疑会给人生增加无限的乐趣。

物以类聚，人以群分，同声相应，同气相求。结交朋友应当选择大体上处在同一社会层面的人，彼此有共同的情趣、共同的爱好、共同的语言，平等相待，畅所欲言，这无疑会增加许多幸福和快乐。选择朋友，不要蓄意巴结，有意高攀。如果在地位、财富、学识和声望上相距甚远，势必缺乏共同的追求和爱好，那样互动的难度就很大，交往的成本也很高，是很难维持下去的。如果为了迎合别人而扭曲自己，为了取悦别人而放弃自我，这种得不偿失的赔本买卖有什么意义呢？最糟糕的交友莫过于一帮酒囊饭袋聚在一起，整天胡吃乱喝，胡吹乱侃，浑浑噩噩，除了餍酒肉而后返外，一无所获。孔子曾说过："群聚终日，言不及义，好行小慧，难矣哉！"讲的就是这种酒肉朋友，整天混在一起，从不谈正经事，互相卖弄点小聪明，这种人真是不堪造就啊！

交友之道千条万条，归根到底就是诚信为本，与人为善，助人为乐，忠诚不贰。唯有忠心才能赢得忠心，唯有真诚才能换来真诚。要想有朋友，首先自己必须够朋友。要想交到好朋友，首先自己要成为好朋友。

二十八、常怀敬畏之心

在大自然中,人的力量是非常渺小的。在地震海啸发生的时候,面对天崩地裂、地动山摇、翻江倒海的可怕景象,人们由衷地产生出对天地的敬畏之心,意识到在大自然面前,人是多么的渺小和软弱,所谓改天换地、人定胜天只不过是一种神话。

在社会中,个人的力量也是微不足道的。当领袖脱离了民众,将军脱离了士兵,只不过是纸老虎,是不堪一击的。古今中外,多少显赫的人物、强暴的政权,一旦遭到民众的反对,很快便土崩瓦解了。

人生天地间,必须常怀一颗敬畏之心。敬畏,是对权威力量和崇高事物持有的一种敬重和畏惧心理,是为人处世应有的一种清醒和自觉,也是安身立命必备的一种警戒线和安全阀。

古人讲:"凡善怕者,必身有所正,言有所规,行有所止,偶有逾规,亦不出大格。"一个人如果失去敬畏之心,就会违反自然规律而一味蛮干,就会目无法纪而胡作非为，就会违反道德而放纵欲望，成为一个百无禁忌、为所欲为的人，什么都不怕，什么都不在乎，什么底线都没有。西方有句谚语："上帝要他灭亡，必先使其疯狂。"当一个人狂妄不可一世时，他的末日就要到来了。

孔子把有没有敬畏之心作为区分君子和小人的一个尺度，他认为："君子有三畏：畏天命，畏大人，畏圣人言。小人不知天命而不畏，狎大人，侮圣人言。"

《资治通鉴》中记录了唐太宗对群臣讲的一段话。唐太宗说："人言天子至尊，无所畏惮，朕则不然。上畏皇天之监临，下惮群臣之瞻仰。兢兢业业，犹恐不合天意，未孚人望。"唐太宗作为一名封建帝王，能够始终保持这种敬天畏民的态度，常谦常惧，日勤日慎，这是他所以能开创贞观之治的重要原因之一。

治国理政是一项风险很大的职业。在政治舞台上，"天有不测风云，人有旦夕祸福"的事情屡见不鲜。为官从政的人，必须时时自警、自励、自律、自省，切不可忘乎所以，掉以轻心。当年曾子曾借用《诗经》里的两句话"如临深渊，如履薄冰"，说明人生应当小心谨慎，后世许多为官从政的人都把这两句话作为自己的座右铭。习近平在就任中共中央总书记和国家主席之后,在回答外国记者"领导一个13亿人口,感受是什么"时,他表示:"这样一个大国,这么多人民,这么复杂的国情,领导者要有'如履薄冰,如临深渊'的自觉,要有'治大国如烹小鲜'的态度,丝毫不敢懈怠,不敢马虎,必须夙夜在公,勤勉工作"。

领导干部需要敬畏的东西太多了,要敬畏自然,敬畏历史,敬畏圣贤,敬畏生命,敬畏组织,敬畏法律,敬畏舆论,但最根本、最重要的是敬畏人民群众,始终要把民心、民意、民生、民主作为第一位的考量。不要认为群众都是愚昧无知、软弱无力的。其实,群众才是真正的英雄,是改变历史的根本动力。群众不像领导者那样,天天都在显示自己的存在和力量,而人民群众一旦行动起来,显示出自己的存在和力量,那就如同自然界中的地震和海啸一样,成为无坚不摧的宏大力量。任何领导干部,如果失去民心,触犯众怒,必然落得身败名裂的下场。

二十九、幸福的哲学

当今中国,幸福问题成为最热门的社会话题之一。百姓们忙忙碌碌地为幸福而奔波,各级政府都把提高幸福指数作为施政的目标,众多媒体和出版社也把幸福作为鲜明主题,推出诸如《幸福魔方》《幸福密码》《幸福深处》《幸福来敲门》《幸福晚点名》《你幸福吗》等作品或栏目,以此吸引读者和观众。一个社会,人们到处都在谈论幸福、追求幸福,这是一件好事,说明群众对幸福有期盼,说明社会有动力、国家有希望。

追求幸福,这是人类的天性,是人们生活的最终目的,也是人生一切奋斗的根本动力。然而,对于什么是幸福,很多人并没有认真思考过,或是从来也没有想清楚过。

幸福本来是与每个人都息息相关、最生活化、最世俗化的问题,可惜被某些大哲学家解读得非常抽象、非常高深,让人难以琢磨了。在众多学者中,或许古希腊哲学家德谟克利特对幸福的解释最为浅显易懂了。他认为,人的幸福是由肉体的快乐和精神的快乐组成的,获取幸福应当有必需的物质条件、有节制的享受,而主要是求得心灵的宁静淡泊。

在各种哲学和宗教对幸福的阐释中,中国道家的幸福观是更加合乎天理人情、更能为中国民众所接受的。道家的幸福观大致包括这样几个要点:

第一,顺应自然,返璞归真,逍遥自在,清静无为,这样才能摆脱不必要的束缚和烦恼。

第二,少私寡欲,知止知足,去甚,去奢,去泰,节制过度的耳目口腹之欲。老子就认为,绚丽的色彩会让人眼花缭乱,嘈杂的音乐会让人耳朵失聪,过多的佳肴会让人胃口败坏,过度的游猎会让人心神狂荡,过分追求奇珍异宝会让人操行失控。所以必须节制过度的欲望才能去祸免咎,保持身心健康,长久平安。

第三,祸兮福所倚,福兮祸所伏。福和祸是一对矛盾,彼此是可以转化的。要辩证地看待福祸关系,这样在福祸面前才能保持平静的心态,猝然临之而不惊,无故加之而不怒。

第四,幸福的最高境界就是做到天、地、人和谐相处,包括自然与社会的和谐、人与人的和谐、身与心的和谐，以及和而不同、同而不和的多元和谐。

简而言之，道家主张的幸福观就是身心健康、知足常乐、天人合一、自由自在。尽管道家的幸福观中也有某些消极的成分，但其基本理念同今天党和政府倡导的"坚持以人为本，推动科学发展，构建和谐社会，建设生态文明"等治国方略是大体相符的，对抑制当今社会物欲过盛、奢华浮躁之风过烈也是大有裨益的。

财富、地位、权力、名气，这些都是与幸福紧密相关的因素，然而这些并不是决定幸福的根本原因。我们身边有不少显贵、富商、名流，他们活得未必比一般人更幸福。与常人相比，他们或许有更多的担心、烦恼、恐惧和种种不稳定、不安全、不自在的感觉。一旦成了显贵名流，就如同上了秋千架，只能不停地荡下去，稍不小心就会摔下来，荡得越高，摔得越重。如果说幸福是需求和欲望的满足，那么，需求越多、欲望越强的人，幸福就越难。其实，财富、地位、权力、名气这些东西，只有很少一部分是人生必需的，其余的都是附加在生命上的多余的东西，这些身外之物越多，生命的负担越重，制约幸福的因素越多。德国哲学家叔本华说过："人是受欲望支配的，当

二十九、幸福的哲学

欲望没有满足的时候你是痛苦的,当欲望满足以后你又会感到无聊。人生就像钟摆一样,在痛苦和无聊中左右摇摆,所以幸福是不可能的。"叔本华的这番话固然有消极成分,但也一针见血地指出了人的弱点。

人们的幸福感往往是从比较中得来的,关键是怎么比。

过去,我们在思想教育中常用的方法就是今昔对比、忆苦思甜。通过今昔比较,人们感到新旧中国两重天,于是,产生了满足、幸福、珍惜、感恩的心情。如果人们把今天的生活状况同改革开放以前加以全面比较,比如就业、收入、住房、教育、医疗、健康、城乡环境、社区生活、社会保障、国家治理、居民安全、社会和谐、文明水平等等,不难发现,改革开放以来中国人生活质量提升之快、变化之大是前所未有的,大大超出了原来的想象。然而,很多人并不这么想,因此感觉不到满足和幸福。有一首古人的白话诗,描述人的欲望是永无止境的:

> 终日奔波只为饥,方才一饱便思衣。
> 衣食两般皆俱足,又想娇容美貌妻。
> 娶得美妻生下子,恨无田地少根基。

买到田园多广阔,出入无船少马骑。
槽头扣了骡和马,叹无官职被人欺。
当了县丞嫌官小,又要朝中挂紫衣。
做了皇帝求仙术,更想登天跨鹤飞。
若要世人心里足,除非南柯一梦兮。

人们这种与日俱增的愿望,既是人生奋斗的动力、财富积聚的推手,也是产生快乐和痛苦的原因。

有一种矛盾的现象:人人都在追求幸福,可又觉得自己不幸福;人人都想摆脱烦恼,可又往往抱着烦恼不放。得志的人说自己工作压力大,终日不得闲;不得志的人说自己没有前途,英雄无用武之地。无房的人抱怨房价太高;炒房的人担心房价下跌。挣钱少的人嫌工资太低;挣钱多的人嫌交税太多。人们对到手的幸福往往不懂得珍惜,身在福中不知福。有些烦恼本该放弃却不肯放弃,甚至把不该烦恼的事当做烦恼拣起来,自寻烦恼,庸人自扰。

一个人一个活法。有的人一辈子过得很快活,有的人一辈子过得不开心。有的人在外人看来很幸福,他自己却很不满意。有的人在外人看来很不幸,他自己却觉得很坦然。幸福的道路千万条,归根到底就是

二十九、幸福的哲学

三句话：活得简单一点，活得糊涂一点，活得潇洒一点。为人处世，不要存心跟别人过不去，更不要存心跟自己过不去。待人接物，是自己的就是自己的，不必推辞；不是自己的就不是自己的，不必强求。说到底，人活的就是一个心态，当你老是觉得不幸福不快乐时，不妨换一种活法。

经过岁月流转、世事沧桑之后你会发现，强大而持久的幸福感不是来自于官场、商场、名利场，而是来自于最平凡最简单的日常生活中。比如，有一个健康的身体，有一个温馨的家庭，有一份稳定体面的工作，有一群情投意合的朋友，每当周末假日，家人朋友其乐融融地团聚在一起的时候，你会感到人生最美好的事情莫过于此。

有些人总觉得自己不如别人幸福，他们的种种痛苦和烦恼是从错误的比较中得来的。他们把人群中极少数的成功者和幸运儿作为自己的参照系，与人家比地位、比荣耀、比收入、比房子，把幸福变成了一堆可以量化的物质指标，越比越觉得自己吃亏、倒霉，处处不如人。他们只看到别人成功，而看不到别人成功背后的艰辛；只看到别人光鲜的外表，而不知道别人光鲜外表下的苦衷；只看到自己不如别人的地方，而看不到别人不如自己的地方。当你羡慕别人的幸福时，或许别人正在羡慕你的幸福。有些人把自己人生的预期目标定得太高，希望得到的东西太多，大都是可望而不可即的东西。他们把自己的现状与预期目标相比，越比越觉得时运不济、世道不公，愈加忿忿不平、怨天尤人。人的幸福感首先来自满足感，只有心满意足，才会珍惜，才会感谢，才会感到幸福和快乐。

一项调查研究成果表明，世界上有两种人最幸福：一种是淡泊宁静的平凡人，一种是功成名就的杰出者。平凡人可以通过修炼内心、减少欲望来获得幸福；杰出者可以通过拼搏取得事业成就来获得更高层次的幸福。人们的误区往往在于，明明自己是一个平凡者，却把自己定位成一个杰出者，于是便产生了种种的纠结、痛苦和烦恼。世界上杰出者只是极少数，即使天资聪慧的人要取得成功，也需要合适的条件和很好的运气。你不妨放低身段，先把自己当一个平凡人对待，抱着一种平常的心，从容地去应对生活。有一位功成名就的智慧老人在总结自己的人生经验时说：幸福的真谛就在于知足常乐、助人为乐、天伦之乐、自得其乐。

三十、人生如戏

人们常用"人生如戏"这句话来抒发对人生境遇的感叹。人的一生中,风风雨雨,酸甜苦辣,花开花落,斗转星移,世间百味,皆在其中。

五年之前,我退休了,这是人生的一大转折。我马上醒悟到,自己的戏已经唱完了,必须重新定位角色,调整心态,转变自己的生活方式和行为方式。于是,我在《后知后觉》中写下了人生如戏的感慨。人生如戏不是逢场作戏、游戏人生,而是参悟世情、淡看人生。

人在不同阶段扮演着不同的角色。

当你年富力强,处在精力、活力、创造力的高峰时,应当唱主角、挑大梁,奋力去闯出一片天地。当你走出了人生的高峰期,应当主动让贤,让更有创造活力的人去当主角,自己甘当配角。当你年高体衰、心力不济时,应当及时鞠躬谢幕,下台去当一名观众。再好的演员也不能在台上一直演下去,如果主角搞终身制,那别人都没戏唱了。

不同角色要有不同的行为方式。当你唱主角时,必须聚精会神,全力以赴,要知道一台戏好不好,关键在主角。当你唱配角时,要摆正位置,主动配合,补台不拆台,补位不越位,关键是不要抢戏。当你成为观众时,要争当文明观众,多鼓掌、少起哄,多帮忙、少添乱。

江山代有才人出,一代更比一代强,这是客观规律。教师最伟大的品格就是满腔热忱地希望自己的学生成功,希望青出于蓝而胜于蓝,从来不会嫉妒学生。领导者也应当具有这种高尚的情怀。一个领导者的高功厚德,不是去修建一些宏伟的广场、宽阔的马路、漂亮的建筑物,而是以自己的远见卓识,精心培育和挑选出一批更优秀、更出色、更有发展潜力的继承者,让他们站在自己的肩膀上,继往开来,把事业推向更大的辉煌。

变老是一种规律,服老是一种清醒。一个演员谢过幕,走下台,步入观众席,就应当宁静致远,淡泊名利,不要总喜欢凑热闹,到处抛头露面,不要怕被人冷落和遗忘。如果一个七老八十的人再去扮演一个小姑娘,体态臃肿,声音嘶哑,动作迟钝,那不仅不能给人带来美感,而且会破坏自己原来在人们心目中的美好形象。最不明智的行为就是倚老卖老,不合时宜地去显弄余威。就像一个拄着拐杖过马路的老人,走到十字路口,把拐杖当做指挥棒到处挥舞,其结果,必然把交通秩序搞得一塌糊涂。

古罗马皇帝马克·奥勒留是一位伟大的哲学家皇帝,他写下的《沉思录》堪称千古不朽名著,当今世界上众多名人要员仍然把《沉思录》作为人生教科书。美国前总统克林顿称《沉思录》是对他人生影响最大的一部书。中国前总理温家宝称《沉思录》是他百读不厌的一部床头书。《沉思录》在结尾时提出了人生如戏,当曲终人散时,应当满意地退场。大学教授何怀宏在品读《沉思录》时,写下一段耐人寻味的文字:"人生是一场伟大的戏剧,我们都是这一戏剧中的演员。但我们演的角色不同,有主角,有配角,还有跑龙套的。有的演全剧,有的只演三场乃至一场。你不妨具有一种游戏的精神和角色的意识,也就是既认真,又超脱。不管派给我什么角色,我就演好这个角色,尽力而为,全力以赴,努力做到自己的最好,甚至做到这个角色的最好。就像塞涅卡所说:'问题不在演了多久,而在演得有多好。'"

人生是一场没有既定脚本，预先也不知道结局的戏，全靠自己的解读和演绎。命运为我们安排了各种角色，你不必为没当主角而烦恼，也不必为提前退场而伤感，重要的是已经演过了，尽力了，只要你清清白白地做人，认认真真地演戏，在人生大戏徐徐落幕时，就可以问心无愧而优雅地退场。你方唱罢我登场，这就是人生。人生的戏总会一直演下去，要相信，更加精彩的戏剧一定还在后头。

有一首流行歌曲，叫《潇洒走一回》，歌中唱道：

> 天地悠悠，过客匆匆，潮起又潮落。
> 恩恩怨怨，生死白头，几人能看透。
> 红尘滚滚，痴痴情深，聚散总有时。
> 留一半清醒，留一半醉，至少梦里有你追随。
> 我拿青春赌明天，你用真情换此生。
> 岁月不知人间多少的忧伤，
> 何不潇洒走一回。